Vertrag

Zwischen

Klebe hier ein aktuelles Foto von dir ein.

und

Vorname, Name

Leolo

Vertragsgegenstand

1.  verpflichtet sich, ______________________ (Vorname, Name) wichtige Kenntnisse zu vermitteln, die helfen, Klassenarbeiten und Hausaufgaben im Fach Deutsch in Zukunft mit besserem Ergebnis zu erledigen.
   Im Einzelnen sind dies folgende Kenntnisse:
   - [ ] **Sachtexte** lesen und verstehen und die Aufgaben dazu lösen,
   - [ ] **Erzähltexte** lesen, verstehen und die Aufgaben dazu lösen,
   - [ ] **Erzählungen** schreiben und überarbeiten,
   - [ ] **Berichte** sachlich und geordnet schreiben und überarbeiten,
   - [ ] **Beschreibungen** sachlich und geordnet schreiben und überarbeiten,
   - [ ] wichtige Strategien bei der **Rechtschreibung** anwenden: .

2. ______________________ (Vorname, Name) verpflichtet sich, in Absprache mit den Eltern und/oder der Deutschlehrerin/dem Deutschlehrer Kapitel dieses Heftes auszuwählen, die er/sie sorgfältig durcharbeiten wird. (Unzutreffendes streichen)
   Die ausgewählten Kapitel werden oben angekreuzt.
   Er/sie wird alle Aufgaben der ausgewählten Kapitel ohne Ausnahme durcharbeiten.
   Er/sie sichert zu, jede Aufgabe selbst mit der Lösung abzugleichen.
   Sobald dies geschehen ist, wird er/sie einen -Aufkleber vom beiliegenden Blatt neben die erledigte Aufgabe kleben. Dann wissen alle, dass diese Aufgabe schon geschafft ist.

____
Ort, Datum

____
Vorname, Name

____
Leolo Leopard

Sachtexte lesen und verstehen: Kinder in aller Welt

Sachtexte geben dir Informationen. Die Sprache ist sachlich und ohne Ausschmückung.

Luisa (13) und Finn (9) sind in Deutschland geboren. Seit Sommer 2006 leben sie mit ihren Eltern auf den Fidschi-Inseln, nahe bei Australien. Im Internet berichten die beiden regelmäßig über ihr neues Leben.[1]

Vor zwei Jahren haben wir auf den Fidschi-Inseln Urlaub gemacht. Wir alle waren begeistert. Unsere Eltern fragten, ob wir uns vorstellen könnten, hier zu leben. Wir sagten sofort „ja“. Fidschi war so schön, die Sonne schien, wir konnten jeden Tag baden und hatten sehr viele Freunde und Freundinnen. Doch ganz ehrlich: Als wir damals „ja“ sagten, wussten wir nicht, was so ein Umzug wirklich bedeutet. Wir mussten unsere Freundinnen und Freunde, unser gewohntes Essen, die Sprache, unsere Großeltern, unsere Hobbys und unsere alte Schule aufgeben. Zudem mussten wir eine andere Sprache lernen. Wirklich verstanden haben wir das alles erst, als unser letzter Schultag in Deutschland vorbei, unsere Abschiedsparty gefeiert war und alle unsere Sachen eingepackt wurden.

Jetzt leben wir seit Anfang des Jahres auf Vanua Levu, der zweitgrößten Fidschi-Insel. Palmen, Sandstrand und Kokosnüsse gehören hier zu unserem Alltag. Aber auch eine völlig andere Schule und ein einfacheres Leben.

1 **Hast du Lust, ihre Berichte zu lesen?**
Schau nach bei: www.geolino.de – einfach bei „Suche“ das Stichwort „Fidschi“ eingeben.

Lies leichter:
Besorge eine bunte Folie und schneide sie ein. Lege sie unter die Zeile in einem Text, die du gerade liest.

1 *Lies den Text.*

2 *Kannst du schon sagen, worum es in diesem Text geht? Wenn nicht, lies ihn ein zweites Mal.*
a) Schau dir die Bilder zum Text an. Bilder können dir helfen, einen Text richtig zu verstehen.
b) Ergänze den folgenden Satz.

Im Text geht es um ______________________________

W-Fragen helfen dir, einen Text besser zu verstehen.

3 W-Fragen beantworten erste Fragen an den Text.
a) Beantworte die folgenden W-Fragen.

Wer berichtet? ______________________

Was geschieht? ______________________

b) Schreibe in dein Heft drei weitere W-Fragen und beantworte sie.

4 W-Fragen können aber auch etwas genauer nach Informationen fragen.
a) Beantworte die folgenden W-Fragen.

Was erfährst du über die Insel Vanua Levu? ______________________

Warum leben Luisa und Finn auf Vanua Levu? ______________________

b) Schreibe drei weitere genauere Fragen an den Text in dein Heft und beantworte sie.

5 Gib dem Text eine Überschrift. Schreibe sie links in die Zeile darüber.

6 Geübte Leserinnen und Leser knacken lange Sätze mit Köpfchen!
Das Prädikat in einem Satz sagt aus, was geschieht oder getan wird.
Tipp: Beachte, dass manche Prädikate zwei Teile haben. Diese können andere Satzteile einklammern.
Man nennt dies Prädikatsklammer (oder Satzklammer). Beispiel:

> Vor zwei Jahren haben wir auf den Fidschi-Inseln Urlaub gemacht.

a) Unterstreiche im folgenden Satz das Prädikat. Zeichne die Pfeile der Prädikatsklammer ein.

Prädikatsklammer

> Wir mussten unsere Freundinnen und Freunde, unser gewohntes Essen, die Sprache, unsere Großeltern, unsere Hobbys und unsere alte Schule aufgeben.

b) Markiere zum Prädikat alle Objekte, die dazugehören. Du kannst sie meist mit „wen", „wem" oder „wessen" erfragen.
c) Nun hast du diesen Satz zerlegt. Schreibe mit eigenen Worten in dein Heft, was Luisa und Finn berichten.

Kinder, die arbeiten

1 *Weißt du etwas über Kinder, die arbeiten? Notiere deine Ideen.*

2 *Lies den folgenden Text.*

Zur Situation: Kinderarbeit weltweit

Die Internationale Arbeitsorganisation (ILO) schätzt, dass weltweit 327 Millionen Kinder erwerbstätig sind. In Asien, Afrika und Lateinamerika gibt es kaum eine Tätigkeit, die nicht von Kindern verrichtet wird. Viele Kinder arbeiten sogar mehrere Stunden täglich. Mehr als 210 Millionen Jungen und Mädchen weltweit leisten „Kinderarbeit". 126 Millionen von ihnen sind unter 15 Jahre alt. Kinder schuften oft unter gefährlichen und ausbeuterischen Bedingungen. Ihre Arbeit steckt in vielen Produkten: Kaffee und Tee werden von Kinderhand geerntet, T-Shirts, Seide und Teppiche werden von Kindern produziert. Der Besuch einer Schule bleibt für viele ein unerreichbarer Traum.

3 *Hast du genau genug gelesen?*
Kreuze an, welche Informationen der Text gibt.

- ☐ Kinderarbeit gibt es nur in Afrika.
- ☐ Viele Tätigkeiten werden von Kindern verrichtet.
- ☐ Kinder produzieren nur Teppiche.
- ☐ Viele Kinder, die arbeiten müssen, gehen zur Schule.
- ☐ Der Besuch einer Schule ist für viele Kinder nicht möglich.

Ankreuzaufgaben zu einem Text enthalten oft dieselben Wörter wie der Text selbst.

1. Unterstreiche die wichtigen Wörter in der Ankreuzaufgabe.
2. Überfliege den Text und suche mit den Augen nur nach diesen Wörtern.

4 *Beschrifte in der Weltkarte auf Seite 10 die Erdteile Afrika, Asien und Lateinamerika.*
Tipp: *Schlage in einem Atlas nach, wenn du unsicher bist.*

5 *Manchmal versteht man einzelne Wörter nicht auf Anhieb. Kläre ihre Bedeutung.*
a) Erschließe die Bedeutung aus dem Text und schreibe diese auf.

erwerbstätig (Zeile)

Produkte (Zeile)

b) Schlage die Bedeutung in einem Lexikon nach.
Tipp: *Um das Adjektiv „ausbeuterisch" zu klären, musst du das Nomen dazu suchen, hier: „Ausbeutung".*

ausbeuterisch

6 *Fasse den Inhalt des Satzes in Zeile 12–13 mit eigenen Worten zusammen.*

Der Besuch einer Schule bleibt für viele ein unerreichbarer Traum.

7 *Stelle Fragen an den Text. Beantworte die vorgegebenen Fragen und ergänze weitere.*

Worum geht es im Text? Es geht um Kinderarbeit in aller Welt.

Wer informiert über die Situation?

Wie viele Kinder arbeiten weltweit?

8 *Unterstreiche die Schlüsselwörter im Text.*

Wichtige Wörter nennt man **Schlüsselwörter**. Schlüsselwörter helfen, einen Text zu verstehen. Überfliege den Text. An welchen Wörtern bleiben deine Augen hängen? Geübte Leserinnen und Leser springen von Nomen zu Nomen. In der Nähe von Nomen findest du meistens wichtige Informationen.

9 *Der Text hat drei Sinnabschnitte. Die folgenden Überschriften passen dazu. Ergänze Zeilenangaben für die Sinnabschnitte.*

Die Situation in Zahlen (Statistik)	Zeile 1 –
Was Kinder produzieren	Zeile
Folgen der Kinderarbeit	Zeile

10 *Fasse den Inhalt des Textes kurz mit eigenen Worten zusammen.*

Im Müllgebirge

Mario lebt in Guatemala-Stadt, der Hauptstadt des mittelamerikanischen Staats Guatemala. Der 11-Jährige ist der Ernährer seiner Familie. Der Vater ist krank, die Mutter muss sich um die sieben anderen Kinder kümmern. Mario arbeitet auf der Müllkippe. Jeden Tag sammelt er dort, was er finden kann: Kabelreste, Draht, Aludosen, Plastikabfälle. Wenn sein Sack voll ist, verkauft er den Müll an einen Händler. An einem guten Tag hat er knapp einen Euro verdient. Aber Mario ist nicht der einzige Müllsammler von Guatemala-Stadt. Ungefähr 3 000 Erwachsene und 800 Kinder durchwühlen jeden Tag den Abfall. Viele von ihnen stapfen barfuß oder in Sandalen durch die stinkenden Berge. Wenn ein Laster Nachschub bringt, stürzen sich alle auf ihn und zertreten sich dabei fast gegenseitig. Auch in anderen Ländern gibt es „Müllmenschen“. In Ägypten, Indien, auf den Philippinen oder in Rumänien kennt man sie. Extreme Armut treibt sie alle zu diesem gefährlichen Leben, obwohl die Müllhalde sie krank macht, denn aus dem stinkenden Müll steigen Gase auf und diese verursachen Kopfschmerzen. Immer wieder geraten Kinder unter die Bagger und Planierraupen, die den Müll zusammenschieben, oder sie werden unter abrutschendem Müll begraben. Die meisten Menschen leben nicht auf der Müllkippe. Sie schaffen es, eine Wohnung zu bezahlen, und gehen nur zur Arbeit auf die Müllhalde, wie andere ins Büro oder in die Fabrik. Die ganz Armen haben jedoch keine andere Bleibe.

Verbindende Wörter (**Konjunktionen**) geben Sätzen und Texten einen logischen Zusammenhang.

11 *Lies den Text aufmerksam durch.*
Gehe vor wie in der Checkliste auf Seite 10 beschrieben.
Notiere deine Zwischenüberschriften.

Sinnabschnitt Zeile 1 – : ______________________

____

____

____

____

12 *Welcher Satz trifft inhaltlich den Kern des Textes?*
a) Kreuze an.

☐ Die Kinder müssen mithelfen, weil die Familie genug Geld zum Überleben hat.

☐ Die Kinder müssen mithelfen, obwohl die Familie genug Geld zum Überleben hat.

☐ Die Kinder müssen mithelfen, damit die Familie genug Geld zum Überleben hat.

b) Die richtige Konjunktion ist ______________ *. Was drückt sie aus? Kreuze an:*

☐ *einen Gegensatz* ☐ *eine Begründung* ☐ *eine Folge*

13 *Lies den Text oben erneut und unterstreiche alle Konjunktionen.*

Kontrolle von Kopf bis Fuß

Tanzen ist Vergnügen. Aber auch harte Arbeit – wenn man Claudia fragt. Seit sie zwei Jahre alt ist, übt die heute Zwölfjährige Flamenco, den traditionellen Tanz ihrer Heimat Andalusien, einer Region im Süden Spaniens. Auf jeden Teil ihres Körpers muss sich Claudia dabei konzentrieren: Zum Rhythmus der Musik verdreht sie kunstvoll ihre Arme, klatscht in die Hände, schnipst mit den Fingern und stampft mit den Füßen im Takt. Selbst ihren Blick, ihr Lächeln muss sie kontrollieren! Über jede dieser Feinheiten wacht Pilar, die Tanzlehrerin. Pilar ist Claudias großes Vorbild: „Später will ich wie sie eine Flamenco-Schule eröffnen und in Filmen tanzen“, sagt sie selbstsicher. Dann senkt Claudia die Augen – und versinkt aufs Neue in der Musik.

14 *Lies den Text aufmerksam durch. Gehe vor wie in der Checkliste auf Seite 10 beschrieben.*

Manchmal weiß man in einem Text nicht mehr, was zusammengehört. Das liegt daran, dass ein Nomen durch ein Pronomen ersetzt wurde. Solche Pronomen sind z. B. *er, sie, ihm, ihn, es, ihnen, wir oder ihr.*

Beispiel: *... wenn man Claudia fragt. Seit sie zwei Jahre alt ist, ...*

Erkennst du nicht auf Anhieb, auf welches Nomen sich ein Pronomen bezieht, verstehst du den Text nicht. Lies ein bis zwei Sätze vor dem Pronomen.

15 *a) Unterstreiche im folgenden Satz das Pronomen.*

Zum Rhythmus der Musik verdreht sie kunstvoll ihre Arme, klatscht in die Hände, schnipst mit den Fingern und stampft mit den Füßen im Takt.

b) Wer verbirgt sich hinter dem Pronomen? Kreuze an.

☐ *die Tanzlehrerin Pilar* ☐ *Claudia* ☐ *Claudias Mutter* ☐ *Pilars Tanzschülerinnen*

c) Unterstreiche alle Prädikate im Satz.
d) Die Beschreibung ist gelungen. Woran liegt das? Streiche im folgenden Satz durch, was nicht zutrifft.

Die Verben beschreiben Claudias Tanz nicht genau / genau.

16 *Begründe deine Meinung: Ist Claudias Tanz Arbeit?*

17 *a) Trage in die Weltkarte ein, wo Claudia, Mario, Luisa und Finn leben.*
Ziehe Linien von ihren Fotos zu den Ländern, in denen sie leben.
b) Markiere mit einem Kreuz, wo du lebst.
Tipp: *Wenn du unsicher bist, schau in einem Atlas nach.*

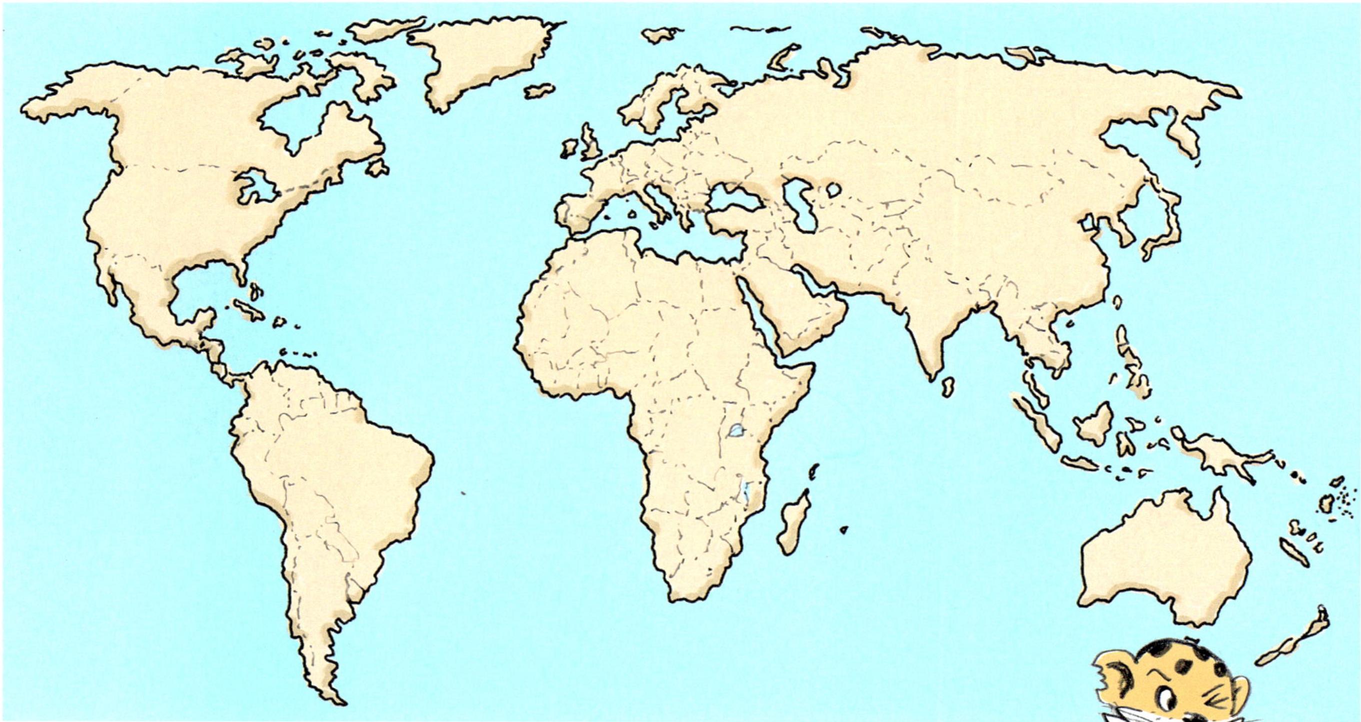

✓ Checkliste: Textknacker für Sachtexte

- ☐ 1. Schritt: **Überfliege** den Text. Halte deinen ersten Eindruck fest: *Worum geht es im Text?*
- ☐ 2. Schritt: Kläre die Bedeutung unbekannter Wörter: *Alles gut verstanden?*
- ☐ 3. Schritt: **Stelle Fragen** an den Text: *Wer? Was? Wann? Wo? Wie? Warum? Welche Folgen?*
- ☐ 4. Schritt: Lies ein zweites Mal und **unterstreiche Schlüsselwörter**: *Wichtige Nomen und Informationen?*
- ☐ 5. Schritt: Gliedere den Text in **Abschnitte**, finde **Zwischenüberschriften**: *Worum geht es im Abschnitt?*
- ☐ 6. Schritt: Fasse den Text mit eigenen Worten zusammen: *Knappe Notizen.*

Tipp: Knacke schwierige Sätze gezielt.
- ☐ Suche nach dem oder den **Prädikat(en)**.
- ☐ Prüfe durch die **Konjunktionen** den logischen Zusammenhang.
- ☐ Schau nach, auf welche Nomen sich unklare **Pronomen** beziehen.

Erzähltexte lesen und verstehen

Jutta Richter hat ein Buch über Freundschaft und Mut geschrieben. Sie erzählt, wie schwer es der Hauptfigur fällt, einen Freund zu verteidigen und zu ihm zu halten. Das Buch heißt: „Der Tag, als ich lernte die Spinnen zu zähmen".

1 *Schau dir das Titelbild des Buches genau an. Schreibe auf, was zu sehen ist.*

2 *Was fällt dir zum Thema „Spinnen" ein? Schreibe auf, was dir durch den Kopf geht.*

3 *Lies den Text.*

Diese Geschichte wird aus der Sicht einer **Ich-Erzählerin** geschrieben. Sie spricht immer von „ich", ihr Name wird nicht genannt.

Jutta Richter
Spinnen zähmen

Die Ich-Erzählerin und der Außenseiter Rainer sind befreundet. Rainer hört ihr zu. Er versteht sie und nimmt ihre Ängste ernst. Nachdem Rainer im Streit einen Jungen geschlagen hat, haut er ab. Er versteckt sich heimlich im Zimmer der Ich-Erzählerin, wo er sich sicher fühlt.

Das Gewitter draußen war abgezogen. Wir hörten den Donner jetzt nur noch leise hinter den Bergen rollen und die Hunde im Tierheim heulten nicht mehr.

Ich wusste plötzlich, dass es stimmte, was er sagte. Auch mich hatten sie nie gesehen, wenn ich ganz nah war, wenn ich am Fenster stand und in den brennenden Himmel schaute. Man durfte sich nur nicht bewegen, man musste still und reglos werden, dann war man auf der sicheren Seite. Dann wurde man unsichtbar.

„Das mit den Spinnen ist auch ganz einfach!", sagte er plötzlich. „Willste wissen?"

Ich nickte.

„Man muss sie zähmen, verstehste?"

„Das geht nicht!"

„Klar geht das. Ist ganz leicht. Zuerst muss man die Spinnen beobachten. Aus sicherer Entfernung. Wie sie die Netze spannen, wie sie laufen, wie sie lauern. Sie lauern immer in einer Ecke vom Netz. Sie können unheimlich lange warten. Und je länger man hinkuckt, desto schöner werden sie. Das ist der Anfang vom Zähmen. Irgendwann merkst du dann, dass sie perfekt sind, und du gehst einfach immer näher ran. Kann ein paar Tage dauern, bis du dich traust. Und wenn du nah genug bist, musst du deine Hand hinhalten. Die Spinne spürt, dass du lebendig bist. Deine Hand ist ja warm. Und dann kommt sie und will über deine

Finger krabbeln.

Aber du darfst die Hand nicht wegziehen, sonst klappt das mit dem Zähmen nicht. Zuerst kitzelt das ‘n bisschen, wenn die Spinne über deine Finger läuft. Aber mehr passiert nicht. Und wenn du das einmal ausgehalten hast, dann hast du nie mehr Angst vor Spinnen. Dann kannst du sie sogar fangen und in Streichholzschachteln stecken ... Wie ich!“

Ich schüttelte mich. „Das schaff ich nie!“

„Klar schaffst du das, Meechen[1]! Du musst nur wollen! Ich hab ‘s doch auch geschafft!“

„Und wer hat ‘s dir beigebracht?“, fragte ich.

„Im Heim lernste noch ganz andere Sachen!“

Ich erschrak, als er das Wort Heim sagte, und ich musste plötzlich an Lehrer Franke denken und an meinen Vater und an Raudi[2] im Tierheim.

„Was für ein Heim?“, fragte ich. „Warst du im Käfig?“

Er ließ meine Hand los.

„Wenn du die Spinnen gezähmt hast, erzähl ich ‘s dir!“, sagte er.

Und dann gähnte er und rollte zur Seite. Und auf einmal wurde auch ich ganz müde und ich kuschelte mich an ihn und dann sind wir wohl eingeschlafen.

1 **Meechen:** in manchen Gegenden = Mädchen

2 **Raudi:** Dackel der Familie, der ins Tierheim gegeben wurde

4 *Worum geht es in diesem Auszug aus einem Jugendbuch?*
Fasse kurz im Heft zusammen.

5 *Rainer erzählt, wie Spinnen gezähmt werden können.*
Schreibe den Ablauf dieser Handlung im Handlungspfeil auf.

Die Spinne beobachten. ____ – ____ – ____ – ____ →

6 *a) Im Auszug kommt häufig wörtliche Rede vor. Unterstreiche das, was Rainer sagt.*
b) Beschreibe die Sprache, in der er spricht.

____

c) Wie wirkt die wörtliche Rede auf dich? Kreuze an. Du kannst mehrere Möglichkeiten wählen.

- ☐ sachlich
- ☐ langweilig
- ☐ gefühlvoll
- ☐ spannend
- ☐ unnahbar
- ☐ echt

7 *a) Gliedere: Teile den Text durch Striche in Sinnabschnitte.*
b) Schreibe zu jedem Abschnitt knappe Zwischenüberschriften neben den Text.

8 *Fasse den Inhalt des Textauszugs kurz zusammen. Arbeite in deinem Heft. Schreibe im Präsens.*

9 *Lies den folgenden Textauszug.*

Die Eltern der Ich-Erzählerin entdecken Rainer bei ihrer Tochter. Er entkommt blitzschnell. Die Ich-Erzählerin wird von ihren Eltern verhört.

Sie hatten das Verhör beendet und schickten mich jetzt [...] in mein dunkles Zimmer. Ich stieg über das kaputt gemachte Deckenhöhlenzelt und einen Moment glaubte ich wieder, Rainers Knallplättchen zu riechen.

Was war ein Bastard?

Warum durfte Rainer mich nicht anfassen?

„Popelfinger", hatte Michael Franke einmal gesagt. „Der hat doch Popelfinger!"

Und das stimmte ja auch. Ich hatte seine Hand nicht gern festgehalten, diese raue Vogelkrallenhand mit den blutig aufgesprungenen Knöcheln ...

Aber den Knallplättchengeruch, den mochte ich. Und sein Zahnlückengrinsen. Und er hatte die Kellerkatze[1] vertrieben und er hatte mir verraten, wie man die Spinnen zähmt ... Und er war doch mein Freund, oder?

Plötzlich kam ein ganz schlimmer Gedanke in meinen Kopf. Ich musste diesen Gedanken denken, obwohl ich es gar nicht wollte und mir heiß und kalt dabei wurde. „Wozu", dachte ich, „wozu ist eigentlich ein Freund gut, den niemand leiden kann?"

Ich lag in meinem dunklen Zimmer in meinem kalten Bett und erschrak über mich selbst.

Aber ich musste weiterdenken und ich dachte: [...] Vier Wochen Hausarrest mitten im Sommer für drei kleine Geheimnisse ... Und sie nennen dich Dieda dafür und sie rennen weg, wenn du kommst, und sie rücken ab, wenn du dich neben sie setzt ... und keiner wird mehr mit dir spielen: nicht „Fischer, Fischer, wie tief ist das Wasser?" und auch nicht „Deutschland erklärt den Krieg gegen Frankreich".

Und dann dachte ich, dass ich das bestimmt nicht aushalten kann und schon gar nicht wegen einem, der Popelfinger hat. [...]

Und dann musste ich heulen. Und ich heulte Rotz und Wasser und ich heulte so lange, bis keine Tränen mehr kamen. Und an diesem Abend vergaß ich zum ersten Mal zu beten.

1 **Kellerkatze:** Fantasietier, vor dem sich die Ich-Erzählerin fürchtet

10 *Worum geht es? Schreibe auf.*

11 *a) Markiere dir unbekannte Wörter.*
b) Kläre ihre Bedeutung. Wenn du sie nicht erschließen kannst, schlage in einem Lexikon nach.
c) Schreibe diese Wörter mit Zeilenangabe und Bedeutung auf.

Verhör (Zeile 1) = strenge und genaue Befragung.

12 *Die Ich-Erzählerin wird von den anderen Kindern „Dieda“ genannt. Was bedeutet das? Schreibe auf.*

Die **Handlung** einer Erzählung, also was geschieht, nennt man „äußere Handlung“. Interessant ist aber auch, was du über die „innere Handlung“ erfährst: Was denkt eine Figur? Was fühlt sie?

13 *a) Unterstreiche Textstellen, in denen du etwas über die Gedanken oder Gefühle der Ich-Erzählerin erfährst.*
b) Prüfe, wie gut du den Text verstanden hast. Kreuze für jede Aussage an, ob sie richtig oder falsch ist.

Die Ich-Erzählerin	richtig	falsch
... denkt über ihren guten Freund Rainer nach.	☐	☐
... denkt über den Wert von Freundschaft nach.	☐	☐
... denkt über die Folgen ihrer Freundschaft mit Rainer nach.	☐	☐
... denkt über Ausgrenzung aus einer Gruppe nach.	☐	☐

14 *Es gibt eine wichtige Stelle in diesem Textauszug, die beschreibt, wie sich plötzlich die Gefühle der Ich-Erzählerin verändern. Markiere diese Zeilen.*

15 *Schreibe auf dem Handlungspfeil die Schritte der inneren Handlung auf.*

16 *a) Lies den folgenden Satz.*

„Wozu“, dachte ich, „wozu ist eigentlich ein Freund gut, den niemand leiden kann?“

Ich lag in meinem dunklen Zimmer in meinem kalten Bett und erschrak über mich selbst.

b) Schreibe auf: Warum erschrickt die Ich-Erzählerin über sich selbst?

c) Finde ein Wort, das ihr Verhalten zutreffend beschreibt.

17 *Lies den Text.*

Die Ich-Erzählerin ist wieder mit Martina, Michael und Hansi zusammen. Sie musste versprechen, dass sie nichts mehr mit Rainer zu tun haben will. Im Kreise der anderen findet eine letzte Begegnung mit Rainer statt.

Und wir waren pünktlich. Und wir nannten ihn Furchendackel. Denn so einer war das. Ein Spielverderber. Ein Schlappschwanz. Ein ganz krummer Hund. Immer anschleichen. Immer rumschnüffeln. Immer mitspielen wollen.

Eben ein Furchendackel.

Und was der für Hände hatte. Ganz rau und borkig waren die, so wie die Krallen eines Wellensittichs. Mit blutig aufgesprungenen Knöcheln und abgebissenen Fingernägeln.

Und er popelte, wo er ging und stand. Und er steckte die Popel in den Mund und fraß sie auf. Es war ihm völlig gleich, ob ihm jemand dabei zusah.

Und plötzlich stand er vor uns. Er stand vor uns und rotzte auf den Boden. In der Hand hielt er einen dicken Schotterstein.

„Komm her, Brillenschlange!“, sagte er zu Hansi Pfeifer. „Woll’n doch mal sehen, wer jetzt auf die Schnauze fliegt!“

Hansi Pfeifer starrte ihn an. Ich sah seine großen Augen hinter den dicken Brillengläsern.

Michael Franke wollte aufspringen, aber das ging nicht zwischen Mauerbogen und Straßenschlucht. Und der Furchendackel stand reglos da, kalkweiß im Gesicht, schwarze Wutaugen, die Lippen so fest zusammengepresst, dass sie nur noch ein schmaler Strich waren … und dann hob er die Hand mit dem Stein …

Und Martina Thiemann musste kichern.

Es war ein Kicheranfall, wie wir ihn später immer öfter in Kirchen hatten, Martina Thiemann und ich, ein Blick zur Seite und wir prusteten los und erstickten dabei fast in der dumpfen feierlichen Stille.

Die Hunde hatten aufgehört zu kläffen. Sie jaulten und winselten jetzt. „Fütterzeit“, sagte mein Vater immer. „Da siehst du, wie gut sie ‘s im Tierheim haben.“

Aber auch das wollte ich nicht glauben.

Der Furchendackel fing an zu keuchen.

„Bitte nicht werfen“, flüsterte ich. „Bitte, Rainer, nicht werfen!“

Er schaute mich lange an und als er eine Ewigkeit später den Arm senkte, ging er zwei Schritte zurück. Er stand jetzt auf der schmalen Stützmauer. Unter ihm lag die Straße. Sechs Meter tief.

„Verräterin“, keuchte er und sah mir direkt in die Augen. Und ich dachte, jetzt springt er, und ich dachte, dass er das nicht tun darf, weil ich doch Rainer zu ihm gesagt hatte und er mein Freund gewesen war, mein allererster richtiger Freund.

„Gehörst jetzt wieder dazu!“, keuchte er. „Bist nicht mehr Dieda!“ Und dann sagte er nichts mehr.

Und dann ließ er den Stein fallen …

Er ging bis ans Ende der Stützmauer, dort bog er mit seinen rauen Vogelkrallenhänden die Brennnesseln auseinander und verschwand hinter dem Haselnussstrauch.

Und ich sah noch einmal seinen Rücken, und ich sah, dass er ganz schmale Schultern hatte, und wäre die Mauer nicht hinter mir gewesen, diese raue Viaduktsteinmauer, dann wäre ich weggelaufen und nie wiedergekommen. Nie im Leben …

18 *Kläre unbekannte Wörter.*

19 *a) Gliedere den Text in Abschnitte.*
b) Kläre die Abfolge der Handlung, die dargestellt wird. Zeichne selbst einen Handlungspfeil.

Die Kinder benutzen **sprachliche Bilder**, wenn sie über sich sprechen. Du musst sie entschlüsseln, um die Erzählung zu verstehen. Dabei ist deine Fantasie gefragt.

20 *a) Schreibe auf, in welchen Zeilen des Textes die folgenden Sätze stehen.*
b) Schreibe ihre Bedeutung auf.

„Komm her, Brillenschlange!“, sagte er zu Hansi Pfeifer. (Zeile ______)

____

Und der Furchendackel stand reglos da, kalkweiß im Gesicht, schwarze Wutaugen, ... (Zeile ______)

____

21 *a) Schau dir die im Text auf Seite 15 unterstrichenen Pronomen an. Notiere am Rand: Von wem ist hier die Rede?*
b) Schreibe auf, welche weiteren Figuren in diesem Textauszug vorkommen.
c) Zeichne ein Schaubild, in dem du die Figuren in Beziehung zueinander setzt.
Verwende Symbole, um die Beziehung deutlich zu machen, zum Beispiel: …

d) Schau dir das Titelbild auf Seite 11 noch einmal an. Was fällt dir auf?

22 *Versetze dich in Rainer. Was denkt er, bevor er den Stein fallen lässt?*
Schreibe seine Gedanken in die Gedankenblase.

Tipp: *Hast du Lust bekommen, diese Geschichte ganz zu lesen?*
Du kannst dir das Buch in einer Bücherei ausleihen oder es in einer Buchhandlung kaufen.

✓ Checkliste: Textknacker für erzählende Texte

☐ 1. Schritt: **Überfliege** den Text. Halte deinen ersten Eindruck fest: *Worum geht es im Text?*

☐ 2. Schritt: Kläre die **Bedeutung unbekannter Wörter**: *Alles gut verstanden?*

☐ 3. Schritt: **Stelle Fragen** an den Text: *Wer? Was? Wann? Wo? Wie? Warum? Welche Folgen?*
- ☐ Zeichne einen Handlungspfeil und trage die Ereignisse der äußeren Handlung in der zeitlich richtigen Reihenfolge darauf ein: →
- ☐ Über die Figuren erfährst du etwas, weil ihr Verhalten dargestellt wird, aber auch ihre Gedanken und Gefühle (= innere Handlung). Auch diese kannst du als Handlungspfeil darstellen.
- ☐ Kläre unbekannte Wörter. Schlage ihre Bedeutung im Wörterbuch nach oder erschließe sie aus dem Textzusammenhang.

☐ 4. Schritt: Lies ein zweites Mal und unterstreiche **sprachliche Bilder** und **beschreibende Wörter**.
Tipp: Knacke schwierige Sätze gezielt.
- ☐ Suche nach dem oder den **Prädikat(en)**.
- ☐ Prüfe durch die **Konjunktionen** den logischen Zusammenhang.
- ☐ Schau nach, auf welche Nomen sich unklare **Pronomen** beziehen.

☐ 5. Schritt: Gliedere den Text in **Abschnitte** und finde **Zwischenüberschriften**: Worum geht es im Abschnitt?

☐ 6. Schritt: **Fasse** den Inhalt kurz **zusammen**: Knappe Notizen.

Einen Unfallbericht schreiben

Sturz beim Reitturnier

1

2

3

4

5

1 *Schau dir die Bilder auf Seite 18 an.*
a) Notiere zu jedem Bild in Stichworten, was geschieht.
b) Beantworte die W-Fragen in Stichworten.

Wer war beteiligt? ______

Wer war am Geschehen beteiligt? Johanna Gutspring, Dr. Sportlich, Ramur (Wallach, 3 Jahre)

Was geschah? ______

______

______

______

Wann geschah es? ______

Wo geschah es? ______

Wie geschah es? ______

Warum geschah es? ______

Welche Folgen hat das Geschehen? ______

______

______

Ein Bericht gibt das Wichtigste eines Geschehens sachlich und genau wieder:
- □ Verzichte auf Ausschmückungen und Gefühle.
- □ Streiche Informationen, die für den Bericht unwichtig sind, zum Beispiel „Als Mareike stürzte, ~~trug sie eine eng anliegende, helle Weste~~."

2 *Lies die folgenden Sätze: Informieren sie sachlich und genau über das Wichtigste?*
Streiche Wörter, Satzteile oder ganze Sätze, die ausschmücken oder Nebensächliches darstellen.

A Plötzlich und aus heiterem Himmel blitzte es, wodurch das Pferd für einen Sekundenbruchteil abgelenkt wurde.

B Alle Zuschauerinnen und Zuschauer hielten den Atem an. Ein Raunen ging durch die Menge.

C Die Freundin der Reiterin schrie laut auf, als sie den Sturz sah.

D Dr. Sportlich rannte schnellstens über den Platz und versorgte die so unglücklich Verletzte.

E Die Reiterin, Johanna Gutspring (13), musste das Turnier abbrechen.

3 *a) Nummeriere die Bilder: Was geschah zuerst, was folgte?*

☐ 

☐ 

☐ 

b) Notiere jeden Schritt des gesamten Geschehens auf dem folgenden Handlungspfeil.

Wörter, die dir helfen, die **zeitliche Abfolge** darzustellen, sind zum Beispiel: *zuerst, dann, schließlich, nachdem, anschließend, danach, später, daraufhin, sofort.*

4 *a) Nummeriere die folgenden Sätze in der richtigen Reihenfolge.*

☐ Ein Blitz lenkte das Pferd Ramur ab, sodass es am fünften Hindernis verweigerte.

☐ Die herbeigerufene Ärztin Dr. Sportlich versorgte die Verunglückte.

☐ Ramur wurde von Johannas Freundin vom Platz geführt.

☐ Gestern beim Reitturnier ereignete sich ein Unfall.

☐ Das Pferd blieb unverletzt.

☐ Die Reiterin, Johanna Gutspring, konnte sich nicht halten und stürzte.

☐ An Krücken gehend, verließ die Reiterin den Turnierplatz.

b) Schreibe den Bericht in der richtigen Reihenfolge auf. Benutze dabei Wörter, die die zeitliche Abfolge darstellen.

Ein Bericht steht im **Präteritum**, weil das Geschehen vergangen ist.
Liegt etwas noch weiter zurück, dann verwende das **Plusquamperfekt**.

5 *So könnte der Bericht beginnen. Setze die Verben im Präteritum ein.*

Gestern ____________________ (ereignen) sich auf dem Turnierplatz ein Reitunfall. Durch einen Blitz erschreckt, ____________________ (verweigern) der Wallach Ramur das Hindernis. Die Reiterin, Johanna Gutspring, ____________________ (verlieren) die Kontrolle und ____________________ (stürzen).

6 *Unterstreiche in den folgenden Sätzen das Präteritum grün, das Plusquamperfekt blau.*

Weil ein Blitz das Pferd abgelenkt hatte, verweigerte es das Hindernis, sodass Johanna Gutspring keine Kontrolle mehr behielt und abstürzte. Eine Freundin, die den Wallach zuvor mit Johanna gesattelt hatte, fing Ramur nach dem Sturz ein. Dr. Sportlich stellte eine Verstauchung fest, nachdem sie Johanna untersucht hatte. Johanna konnte den Turnierplatz selbstständig, aber mit Hilfe von Krücken verlassen. Nachdem sich alle beruhigt hatten, wurde das Turnier fortgesetzt.

Das Plusquamperfekt bilden:
- ☐ Präteritum von sein + Partizip II, zum Beispiel: *sie war vorbereitet*
- ☐ Präteritum von haben + Partizip II, zum Beispiel: *sie hatte gesehen*

7 *Schreibe zu den Bildern auf Seite 18 einen vollständigen Unfallbericht in dein Heft.*

✓ Checkliste: Einen Bericht schreiben

In dieser Checkliste findest du alle Hinweise zum Verfassen eines Berichtes. Füge die folgenden Wörter ein:

sachlich *W-Fragen* *Präteritum* *Plusquamperfekt* *Abfolge* *Ausschmückungen*

☐ 1. Schritt: Stelle die ____________________ und beantworte sie in Stichworten.

☐ 2. Schritt: Notiere die zeitliche ____________________ auf einem **Handlungspfeil**. →

Wörter, die die zeitliche Abfolge ausdrücken, sind zum Beispiel *zuerst, dann, schließlich, nachdem, anschließend, danach, später, daraufhin, sofort.*

☐ 3. Schritt: Schreibe ____________________ und genau.

Vermeide ____________________.

☐ 4. Schritt: Überprüfe die Verben. Verwende das ____________________. Bei Ereignissen, die vorher geschehen sind, musst du das ____________________ einsetzen.

☐ 5. Schritt: Überarbeite deinen Bericht. Achte auf das Tempus (Zeitform), die Rechtschreibung und die Zeichensetzung.

Einen Bericht überarbeiten

So ein Pech

Die beiden haben aber Glück gehabt. Das Reh hat den einen Jungen abgelenkt, sodass er nicht mehr auf die schöne Bahn geschaut hat. Der Lerchenberg ist halt steil, so etwas kann hier schnell passieren.

Lukas Bartels ist das! Er hat sich das linke Bein gebrochen, aber Murat Göksu kommt wohl mit einem blauen Auge davon. Er hat nur einen leichten Schock. Hoffentlich geht der Lukas wieder auf die Piste, er hat nämlich Talent.

Jeden Sonntag passiert so ein Unfall! Obwohl Lukas noch ausweichen wollte, hatte er wegen des Hügels keine Chance. Murat kam mit hoher Geschwindigkeit von der linken Seite und konnte nicht mehr bremsen und ausweichen. Er hat noch laut gerufen, dass Lukas Platz machen soll. Aber es war zu spät.

Den Sprunghügel haben die Jungen nicht richtig eingeschätzt. Sie hätten schon viel früher abbremsen müssen. Sie waren unachtsam.

1 *Lies, was die Zeuginnen und Zeugen des Geschehens dazu sagen. Nicht alle Informationen sind für einen Bericht verwendbar. Markiere Wichtiges, das du für einen Bericht verwenden kannst.*

2 *Formuliere W-Fragen zum Geschehen und beantworte sie in Stichworten.*

Die Klasse 6d der Astrid-Lindgren-Gesamtschule hat über den auf Seite 22 abgebildeten Unfall einen Bericht geschrieben. Einige Texte sind gelungen, andere müssen überarbeitet werden. Hilf den Schülerinnen und Schülern dabei.

3 *Streiche im folgenden Bericht überflüssige Informationen.*

Deriya: Gestern türmten die Jugendlichen aus dem Dorf einen supertollen Sprunghügel aus Schnee für ihre Snowboards auf. Lukas wollte gerade an dem Sprunghügel vorbeifahren, als er rechts am Waldrand ein Reh sah. Das war aber auch wirklich ein süßes Tierchen! Darum sah er Murat nicht, der von links auf ihn zuschoss. Murat schrie laut. Lukas war aber völlig geistesabwesend, er wich ihm nicht aus. Schließlich raste Murat mit voller Fahrt in Lukas hinein. Die Skier der beiden verkeilten sich und man hörte Lukas schreien. Es war Böses zu ahnen.

4 *Die Reihenfolge im folgenden Bericht ist nicht logisch?*
a) Sortiere die Sätze sinnvoll. Nummeriere sie.
b) Schreibe den Text verbessert in dein Heft.

LUCA: ☐ Hoffentlich erholt sich Lukas wieder! ☐ Gestern hatte Lukas Bartels einen heftigen Zusammenstoß mit Murat Göksu. ☐ Sogar der Sanitäter musste gerufen werden. ☐ Und mit Recht: Lukas' Bein war gebrochen! ☐ Murat raste von links auf den Sprunghügel zu, er wollte einen Bogen darum herum schlagen. ☐ Lukas schaute nach einem Reh am Waldrand, als er die Piste am Lerchenberg von oben mit hoher Geschwindigkeit hinabraste. ☐ Murat schrie vergeblich, um Lukas zu warnen. ☐ Sie verkeilten sich ineinander und kugelten samt Ski den Berg hinab.

5 *Hat Merle die passenden zeitlichen Wörter verwendet?*
Streiche unpassende zeitliche Wörter durch und schreibe genauere über die Zeile.

MERLE: Am gestrigen Sonntag geschah am Lerchenberg ein Skiunfall. Nachdem Lukas Bartels die steile Piste am Lerchenberg hinabfuhr, kam schließlich ein Reh an den Waldrand. Lukas schaute hin und übersah Murat Göksu, der daraufhin von links heranraste. Murat schrie, aber Lukas hörte ihn nicht und hinter der Sprungschanze stießen sie bald zusammen. Anschließend eilte der Sanitäter herbei und rief sofort einen Krankenwagen.

6 *Achte im folgenden Bericht auf das richtige Tempus.*
Unterstreiche falsche Tempusformen und schreibe die richtigen in die Randspalte.

Philipp: Gestern haben Murat Göksu und Lukas Bartels auf der Skipiste am Lerchenberg einen Zusammenstoß gehabt. Lukas hat ein Reh gesehen und nicht auf Murat geachtet, der von links gekommen ist. Die beiden prallten mit Wucht aufeinander und rollten mit ihren Skiern die Piste hinab. Unten angekommen, hat Lukas schlimme Schmerzen gespürt. Sofort kommt ein Sanitäter, der dann den Krankenwagen ruft.	

7 *Beantworten die Berichte von Deriya, Luca, Merle und Philipp die W-Fragen? Prüfe die Texte erneut und kreuze an, welche W-Fragen beantwortet werden.*

	Deriya	Luca	Merle	Philipp
Wer war am Geschehen beteiligt?	☐	☐	☐	☐
Was geschah?	☐	☐	☐	☐
Wann geschah es?	☐	☐	☐	☐
Wo geschah es?	☐	☐	☐	☐
Wie geschah es?	☐	☐	☐	☐
Warum geschah es?	☐	☐	☐	☐
Welche Folgen hat das Geschehen?	☐	☐	☐	☐

8 *a) Schreibe selbst einen Bericht über den Skiunfall von Lukas und Murat.*
b) Überarbeite deinen Bericht anschließend.
c) Prüfe, ob du Rechtschreibfehler gemacht hast. Benutze dazu die Strategien, die im grünen Teil des Arbeitsheftes vorgestellt werden.
d) Schreibe den verbesserten Bericht in dein Heft.

Checkliste: Einen Bericht überarbeiten

☐ 1. Schritt: Prüfe, ob dein Bericht alle wichtigen **W-Fragen** beantwortet.

☐ 2. Schritt: Ist die **Reihenfolge** des Geschehens logisch und sinnvoll dargestellt? Hast du Wörter benutzt, die die zeitliche Abfolge ausdrücken, zum Beispiel *zuerst, dann, schließlich, nachdem, anschließend, danach, später, daraufhin, sofort?*

☐ 3. Schritt: Hast du **knapp und genau** geschrieben? Lies deinen Text erneut und streiche Ausschmückungen und Überflüssiges.

☐ 4. Schritt: Überprüfe die Verben. Hast du alle Personalformen im **Präteritum** verwendet? Steht bei Ereignissen, die vorher geschehen sind, das Plusquamperfekt?

☐ 5. Schritt: Lies deinen Text laut. Wenn du in der Klasse bist, kannst du auch versuchen, ihn nur „laut zu denken“. Achte auf **Rechtschreibung** und **Zeichensetzung**: Wo du einen Einschnitt beim Lesen machst, steht oft ein Komma.

Vorgänge beschreiben und erklären

Ein Kochrezept schreiben

1 *Corinna ist Fredericks Freundin.*
Sie schickt ihm ein Rezept für Vollkornwaffeln, die er auf seiner Geburtstagsfeier anbieten möchte.
a) Lies Corinnas Brief aufmerksam durch.

Lieber Frederick,

meine Vollkornwaffeln sind total lecker. Ich habe sie schon oft gemacht und sie kamen immer sehr gut an. Also: Du brauchst für den Teig Eier, am besten sind natürlich die Eier von freilaufenden Hühnern, Mehl und etwas Honig. Ach ja, Backpulver ist auch nötig. Vielleicht ein Päckchen. Das dürfte reichen. Alle Zutaten werden vermengt. Dann musst du den Teig etwa 30 Minuten stehen lassen.
Ach, ich habe vergessen, dass du auch noch Milch hinzufügen musst.
Für die Fruchtsauce brauchst du 250 g Kirschen, die püriert werden müssen. Dazu kommen Honig, Vanille und geschlagene Sahne.
Das Waffeleisen kannst du gern bei mir ausleihen. Viel Spaß beim Backen!!

Deine Corinna

b) Was hältst du von dieser Beschreibung? Kreuze an.

☐ Die einzelnen Schritte werden klar beschrieben.
☐ Die Beschreibung ist völlig durcheinander und undeutlich.
☐ Die Zutaten und Mengen gehen aus der Beschreibung hervor.
☐ Der Text beschreibt die Abfolge der einzelnen Arbeitsschritte ungenau.
☐ Es gibt Lücken in der Abfolge.
☐ Das Rezept wird sachlich und genau vorgestellt.

c) Kann Frederick mit Hilfe dieser Beschreibung die Waffeln backen?
Ergänze die Lücke mit einem der angebotenen Wörter oder Satzteile und begründe kurz mit eigenen Worten.

problemlos | nicht | mit etwas Mühe | erst nach Rückfragen bei Corinna

Frederick kann die Waffeln ________________________ backen, weil ________________________

____

____

Verwende folgende Abkürzungen für **Maßangaben**:
g = Gramm,
kg = Kilogramm,
l = Liter,
TL = Teelöffel,
EL = Esslöffel.

Vollkornwaffeln mit Fruchtsauce

2 *a) Lies das folgende Rezept.*

Das brauchst du:

Für den Teig:

- ☐ 125 g Butter
- ☐ 125 g Honig
- ☐ 3 Eier
- ☐ 1/2 TL Backpulver
- ☐ etwas abgeriebene Schale von einer unbehandelten Zitrone
- ☐ Mark von 1/2 Vanilleschote
- ☐ 250 g feines Weizenvollkornmehl
- ☐ 1/4 l Milch

Für die Fruchtsauce:

- ☐ 250 g Kirschen
- ☐ 2 EL Honig
- ☐ Mark von 1/4 Vanilleschote
- ☐ 125 g Sahne

1.

2.

3.

4.

5.

6.

b) Damit die Backanleitung anschaulich und verständlich wird, musst du genau beschreibende Verben verwenden. Wähle aus folgenden Verben passende aus und füge sie den einzelnen Bildern zu. Schreibe sie auf die Linien.

geben · verrühren · hinzufügen · vermengen · pürieren · einrühren · dazugeben

schlagen · unterheben · trennen · rühren · backen · anrichten · geben · untermischen

Verfasse nun mit Hilfe der Zutatenliste und der Bilder auf Seite 26 eine Vorgangsbeschreibung zum Backen von Vollkornwaffeln.

Die **zeitliche Abfolge** verdeutlichen Wörter wie *zuerst, dann, jetzt, anschließend, als Nächstes, danach, schließlich, zuletzt.*

3 *Corinna hat ihren Text noch einmal neu geschrieben.*
a) Unterstreiche Wörter, die die zeitliche Abfolge verdeutlichen.
b) Füge passende Verben ein. Verwende das Präsens.

Zuerst ____________ du die Butter mit dem Honig in eine Schüssel. Beide Zutaten ____________ du mit einem Mixer. Danach ____________ du das Mehl, das Backpulver, die abgeriebene Schale einer Zitrone und das Vanillemark ____________. Alle Zutaten werden jetzt ____________. Anschließend ____________ du die Milch langsam ein. Wenn alle Zutaten vermengt sind und der Teig fertig ist, muss er 30 Minuten quellen.

4 *Setze Corinnas Text fort. Formuliere zu den Bildern 4 bis 6 in Stichworten die jeweiligen Arbeitsschritte. Achte auf die Verwendung zutreffender Verben.*

4.

____

____

5.

____

____

6.

____

____

5 *Arbeite die Beschreibungen aus Aufgabe 4 zu einem zusammenhängenden Text aus. Achte auf Wörter, die den zeitlichen Zusammenhang deutlich machen.*

____

____

____

____

____

____

____

____

Frederick will seinen Gästen neben den Vollkornwaffeln auch eine Eisschokolade anbieten.

6 *Schau dir die folgenden Bilder an: Welche Arbeitsschritte folgen aufeinander?*
Finde die richtige Reihenfolge. Nummeriere die Bilder.

Eisschokolade

Das brauchst du:

- □ 1/2 l Milch
- □ 3 EL Kakaopulver
- □ 3 EL Honig
- □ 125 g geschlagene Sahne
- □ Vanilleeis
- □ Schokoladeneis
- □ Strohhalme
- □ Schokoladenraspel

So geht es:

7 *Schreibe die einzelnen Arbeitsschritte in ergänzenden Sätzen auf.*
Achte auf zutreffende Verben, Hilfen findest du auf Seite 26.

1. ______________________________

2. ______________________________

3. ______________________________

4. ______________________________

5. ______________________________

____

6. ______________________________

____

Wenn du einen Vorgang beschreibst, hast du verschiedene Möglichkeiten der **Ansprache**:

1. Du kannst die **Befehlsform**, den Imperativ, wählen: □ *„Verrühre die Butter mit …"*
2. Du kannst eine Person **direkt** ansprechen: □ *„Du brauchst …"*
3. Du kannst auch eine **unpersönliche** Form wählen: □ *„Es wird … benötigt", „Man nimmt …"*

8 *Welche Ansprache wurde für die Herstellung des Teiges in Aufgabe 3 auf Seite 27 gewählt?* ◯

____

9 *Überarbeite das folgende Rezept für Eisschokolade. Es soll durchgehend in der unpersönlichen Ansprache stehen.* ◯
a) Streiche andere Formen der Ansprache durch und schreibe passende Formen über die Zeilen.

b) Prüfe die Reihenfolge. Ist sie sinnvoll? Kreuze an: ☐ *ja* ☐ *nein*

Man erhitzt die Milch in einem Topf. Das Kakaopulver wird hinzugefügt und dann rührst du es mit einem Rührbesen um. Nimm den Topf anschließend vom Herd. Man rührt nun den Honig ein und lässt die ganze Masse erkalten. Abschließend die Sahne schlagen. Gieße nun den Kakao in Gläser und gib je eine Kugel Schoko- und Vanilleeis hinzu. Am Schluss die geschlagene Sahne aufsetzen und mit Schokoraspeln verzieren. Zuletzt einen Strohhalm hineingeben – fertig!

10 *Verfasse nun für die Eisschokolade ein Rezept in der Befehlsform.* ◯
Überarbeite den Text mit Hilfe der nachfolgenden Checkliste.

____

____

____

✓ Checkliste: Einen Vorgang beschreiben

- ☐ 1. Schritt: Beschreibe die einzelnen Arbeitsschritte in der richtigen **Reihenfolge**.
- ☐ 2. Schritt: Gib die Vorgänge **sachlich richtig** und **vollständig** wieder.
- ☐ 3. Schritt: Verwende **genau beschreibende Verben** oder Fachbegriffe.
- ☐ 4. Schritt: Achte auf Wörter, die die **zeitliche Abfolge** deutlich machen, zum Beispiel *zuerst, dann, schließlich, nachdem, anschließend, danach, später, daraufhin, sofort.*
- ☐ 5. Schritt: Schreibe im **Präsens**.
- ☐ 6. Schritt: Achte auf **Rechtschreibung** und **Zeichensetzung**.

Eine Vorgangsbeschreibung überarbeiten

Frederick hat sich für seine geladenen Gäste etwas Besonderes einfallen lassen. Gemeinsam wollen sie mit Hilfe der folgenden Bilder Fledermäuse herstellen.

Für Pfiffige: Fledermäuse basteln

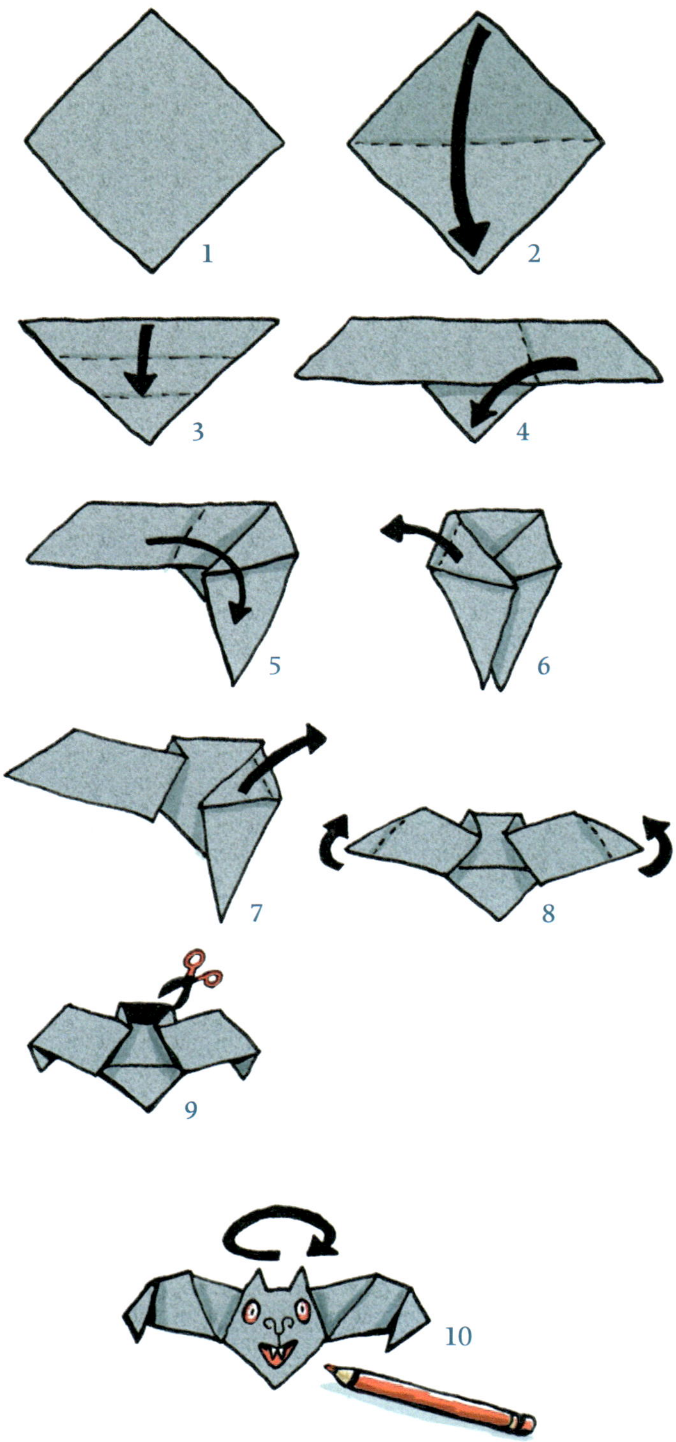

1 *Notiere neben jedem Vorgang in Stichworten, was zu tun ist. Achte auf genau beschreibende Verben.*

2 *Frederick hat eine Bastelanleitung ausgearbeitet. Seine Gäste finden sie langweilig. Hilf ihm, sie zu überarbeiten.*

a) Hat Frederick abwechslungsreiche Verben gewählt? Unterstreiche die Verben und schreibe geeignetere an den Rand, wo sie sich wiederholen.

b) Frederick hat sich für die persönliche Ansprache entschieden. Hat er diese durchgehalten? ☐ *ja* ☐ *nein*

Du legst das quadratische Blatt mit der Spitze vor dich hin und legst es dann in der Mitte aufeinander. Dann legst du die obere, geschlossene Kante des Dreiecks etwa ein Drittel breit auf dich zu und knickst sie um. Anschließend legst du beide Seiten von außen aus in die Mitte. Die nach unten weisenden Dreiecke legst du rechts und links nach außen um. Deine Fledermaus ist nun fast fertig. Mit der Schere legst du noch zwei Ohren an. In die Mitte zeichnest du ein Gesicht. Dann geht die Party los!

3 *Schreibe eine eigene Bastelanleitung. Überarbeite sie mit Hilfe der Checkliste unten.*

✓ Checkliste: Eine Vorgangsbeschreibung überarbeiten

- ☐ 1. Schritt: Hast du die einzelnen Arbeitsschritte in der **richtigen Reihenfolge** beschrieben?
- ☐ 2. Schritt: Sind alle Vorgänge **sachlich richtig** und **vollständig** wiedergegeben und erklärt?
- ☐ 3. Schritt: Wurden **genau beschreibende Verben** oder Fachbegriffe verwendet?
- ☐ 4. Schritt: Hast du auf Wörter geachtet, die die **zeitliche Abfolge** deutlich machen, zum Beispiel *zuerst, dann, schließlich, nachdem, anschließend, danach, später, daraufhin, sofort?*
- ☐ 5. Schritt: Stehen alle Personalformen der Verben im **Präsens**?
- ☐ 6. Schritt: Lies deinen Text laut. Das kannst du auch in deinem Kopf erledigen. Achte auf **Rechtschreibung** und **Zeichensetzung**: Wo du einen Einschnitt beim Lesen machst, steht oft ein Komma.

Eine Mutgeschichte schreiben

Stoff für die Erzählung sammeln

1 *Worum geht es in dieser Bildergeschichte? Schau dir die Bilder genau an.*
a) Gib den handelnden Figuren Namen. Notiere sie in der Randspalte.
b) Schreibe neben jedes Bild in Stichworten:

Was geschieht? *Wo* trägt es sich zu? *Wann* läuft es ab?
Wer ist daran beteiligt? *Wie* entwickeln sich die Dinge? *Warum* geschehen sie?

Beachte: Nicht immer kann man alle W-Fragen beantworten.

Die Spannungskurve

Eine Erzählung braucht einen sinnvollen Aufbau.
Gliedere deine Erzählung in **Einleitung**, **Hauptteil** mit Höhepunkt und **Schluss**.

Eine Erzählung steht im **Präteritum** (Vergangenheit).

2 *Welches Bild auf Seite 32 stellt den Höhepunkt dar? Bild ___________*
Begründe kurz.

3 *Die Geschichte hat etwas mit Mut, aber auch mit Angst zu tun. Warum?*

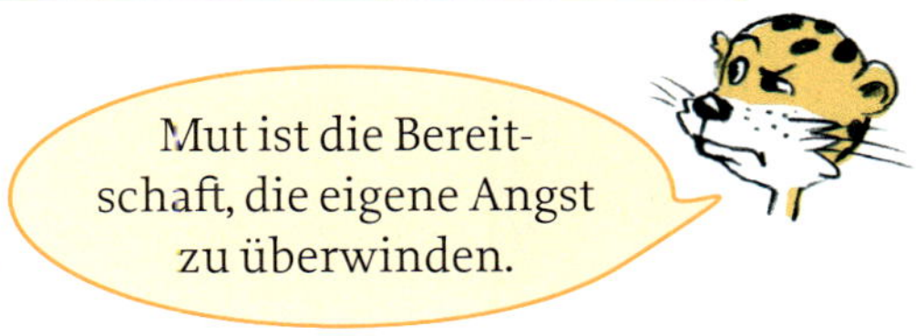

4 *Gefühle lassen sich gut beschreiben, indem du passende Adjektive und Partizipien verwendest.*
a) Lege im Heft eine Tabelle nach folgendem Muster an. Ordne die angebotenen Wörter in diese Tabelle ein. Ergänze weitere Wörter.
b) Schreibe zu jeder Spalte die Namen der Figuren, zu denen diese Gefühle passen. Beachte, dass sich diese Gefühle während des Geschehens auch verändern können: Ängstliche Menschen können sich etwas trauen, mutige Menschen plötzlich Furcht empfinden.

Gefühle rund um Angst	Gefühle rund um Mut
...	...

kühn · zaghaft · furchtlos · mutig · ängstlich · unerschrocken · tapfer
selbstbewusst · überwältigt · schwach · wütend · hilfsbereit · mutlos
stark · eingeschüchtert · feige · beherzt · furchtsam · schüchtern
unsicher · verwegen · verzagt · entschlossen · beklommen

5 *Lege eine weitere Tabelle nach diesem Muster an und sammle Verben, die helfen, Mut oder Angst auszudrücken.*

6 *a) Überlege, wie du dich in einer ähnlichen Situation verhalten würdest.*
b) Gib der Geschichte eine Überschrift. Schreibe sie auf die Schreiblinie über den Bildern auf Seite 32.

Die Einleitung schreiben

- ☐ Die **Einleitung** muss Neugier wecken.
- ☐ Sie muss die wichtigsten W-Fragen beantworten:
  - *wer?* (Figuren),
  - *wo?* (Ort),
  - *was?* (Handlung) und
  - *wann?* (Zeit).
- ☐ Sie darf den Höhepunkt nicht vorwegnehmen.

7 *Die Einleitung greift die Situation auf, die in Bild 1 dargestellt ist. Clara und Sebastian haben Einleitungen geschrieben.*
a) Lies ihre Einleitungen.
b) Kreuze an, welche Einleitung die wichtigsten W-Fragen beantwortet.

☐ CLARA: *Letztens geschah etwas ziemlich Schockierendes. Man glaubt ja nicht, was heute so los ist! Die wollten dem kleinen Tobias aus der 6c doch tatsächlich sein Handy abnehmen. Der ist doch so schüchtern und kann sich nicht wehren. Diese unverschämten Rüpel aus der 10. Glaubt man sowas?*

☐ SEBASTIAN: *Vor einigen Tagen beobachtete Tanita etwas Unglaubliches. Es war in der großen Pause. Tanita plauderte auf dem Schulhof mit ihren Freundinnen, als ihr Blick plötzlich auf Tobias fiel. Er wurde bedrängt. Mitten auf dem belebten Schulhof war ein kleiner Junge unbemerkt in Not geraten!*

8 *Schreibe selbst eine Einleitung. Schau dir vorher Bild 1 noch einmal genau an. Schreibe im Präteritum. Erzählungen spielen in der Vergangenheit.*

9 *Um Satzanfänge abwechslungsreich zu gestalten, kannst du die* ***Umstellprobe*** *anwenden.*
a) Finde heraus, welche Teile eines Satzes fest zusammengehören. Du kannst diese Satzglieder nur gemeinsam umstellen.
b) Stelle die Satzglieder um und bilde so neue Satzanfänge. Formuliere einen weiteren Satz.

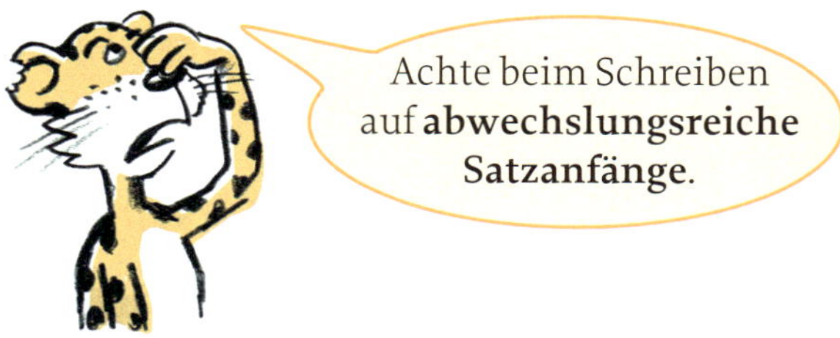

Vor einigen Tagen / beobachtete / Tanita / etwas Unglaubliches.

Tanita beobachtete vor einigen Tagen etwas Unglaubliches.

10 *Überarbeite deine Einleitung. Wende die Umstellprobe an, wenn sich Satzanfänge wiederholen. Schreibe deine überarbeitete Einleitung in dein Heft.*

Den Hauptteil interessant schreiben

11 *Sammle Ideen für Gespräche: Überlege, was die Figuren in bestimmten Situationen sagen könnten. Fülle die Sprechblasen zu folgenden Bildern.*

Du bist nicht sicher, wo bei der wörtlichen Rede welche **Satzzeichen** stehen? Schau dir diese Satzmuster an:

- Begleitsatz: „Wörtliche Rede."
- „Wörtliche Rede", Begleitsatz.
- „Wörtliche Rede", Begleitsatz, „wörtliche Rede."
- „Wörtliche Rede?", Begleitsatz.
- „Wörtliche Rede!", Begleitsatz.

12 *Sprechblasen haben keine Begleitsätze. Ergänze Begleitsätze zu deinen Sprechblasen. Schreibe ein vollständiges Gespräch auf.*

13 *Ob ein Verb im Redebegleitsatz treffend ist, hängt davon ab, wie jemand spricht oder wie er sich fühlt, zum Beispiel „aufgeregt“, „sachlich“, „leise“, …*
a) Sammle Verben aus dem Wortfeld „sagen“ und schreibe sie auf.

sagen, sprechen, fragen, ___

___

___

b) Überarbeite das Gespräch, das du für Aufgabe 12 geschrieben hast. Schau dir dabei besonders die Verben an. Sind sie passend und abwechslungsreich? Wenn nicht, verbessere sie.

14 *Sammle in deinem Heft treffende Verben zu den Wortfeldern „sehen“ und „gehen“.*

Eine Erzählung wird interessant, wenn du auch mitteilst, was in den Figuren vor sich geht, was sie denken oder fühlen. Dies nennt man „innere Handlung“ (siehe Seite 14). Beispiele:
Tanita dachte: „Was ist denn da los?“
Tanita dachte kurz nach, ob …

15 *Tanita überlegt, ob sie Tobias helfen solle.*
a) Versetze dich in Tanita hinein. Schreibe auf, was sie in der Situation denkt und fühlt. Formuliere aus der Ich-Perspektive.
b) Schau dir das Gespräch an, das du geschrieben hast. Wo könnte die innere Handlung eingeschoben werden? Setze einen Pfeil in deinen Text.

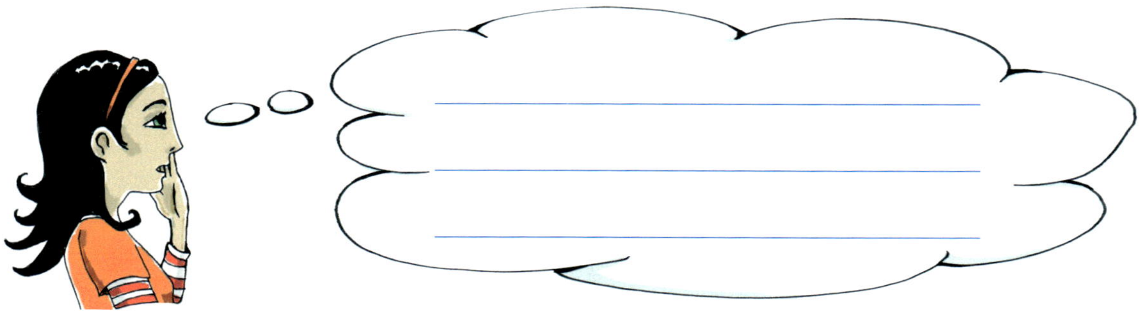

16 *Spannungsmelder ziehen Lesende in den Bann, zum Beispiel: „plötzlich“, „unerwartet“, „auf einmal“, „in diesem Moment“, „völlig überraschend“ …*

Sie helfen dir auch, die Satzanfänge abwechslungsreich zu gestalten. Trage passende Spannungsmelder ein. Achtung: Schreibe am Satzanfang groß.

___ blickte Tanita über den Schulhof und sah Tobias. In ihrem Kopf wirbelten ___ tausend Gedanken herum. ___ war ihr sonnenklar, was zu tun war.

17 *Arbeite den Hauptteil deiner Mutgeschichte aus. Schreibe eine erste Textfassung in dein Heft. Achte auf*
- ☐ *die Spannungskurve,*
- ☐ *treffende Verben, Adjektive und Partizipien,*
- ☐ *das Tempus (Präteritum),*
- ☐ *Spannungsmelder.*

Schreibe immer mit einer Leerzeile zwischen den Zeilen, damit du den Text anschließend überarbeiten kannst.

Den Hauptteil überarbeiten

Verbindende Wörter (**Konjunktionen**) geben Sätzen und Texten einen logischen Zusammenhang, siehe Seite 8.

18 *Wähle einen Satz aus, der inhaltlich passend vom Gespräch zur inneren Handlung überleitet. Kreuze an.*

☐ Indem Tanita die Situation bemerkte, überlegte sie blitzschnell, wie sie Tobias helfen konnte.

☐ Als Tanita die Situation bemerkte, überlegte sie blitzschnell, wie sie Tobias helfen konnte.

☐ Obwohl Tanita die Situation bemerkte, überlegte sie blitzschnell, wie sie Tobias helfen konnte.

19 *Überarbeite den folgenden Textauszug: Stehen alle Verben im richtigen Tempus?*
Unterstreiche Verben im falschen Tempus und schreibe sie verbessert in die Randspalte.

Als Tanita die Situation bemerkt, entscheidet sie blitzschnell, Tobias zu helfen. Mit Blick auf Lars, den Wortführer der Großen, zögerte sie jedoch: Er war dann doch ziemlich stark. Aber nein, sie war sich ganz schnell sicher. Es kam nicht in Frage, den hilflosen Tobias in seiner Not alleinzulassen. Sie muss die anderen Schüler auf dem Schulhof auf diese Gemeinheit aufmerksam machen. Doch das kann dauern. Sie wollte lieber sofort einschreiten, die anderen würden es schon bemerken und kommen.

✓ Checkliste: Eine Erzählung überarbeiten

☐ **Gliederung** – hast du die **Spannungskurve** beachtet? Führt dein Hauptteil in zwei bis drei Schritten zum Höhepunkt und löst die Spannung dann auf?

☐ Prüfe die **Gespräche**: Achte auf **Satz- und Anführungszeichen** und **abwechslungsreiche Redebegleitsätze**. Hast du treffende Verben verwendet?

☐ Werden Gedanken und Gefühle einer oder mehrerer Figuren dargestellt (**innere Handlung**)?

☐ Hast du **lebendig** und **abwechslungsreich** geschrieben? Tipps zum Überarbeiten:
- ☐ Verändere Sätze mit Hilfe der **Umstellprobe**.
- ☐ Füge **beschreibende Wörter** (Adjektive oder Partizipien) ein, falls sie fehlen.
- ☐ Tausche sich wiederholende **Verben** aus.
- ☐ Ergänze **Spannungsmelder**.
- ☐ Verbinde die Sätze logisch durch **Konjunktionen**.

☐ Prüfe das **Tempus**: Hast du durchgehend im **Präteritum** geschrieben?

☐ Sind **Rechtschreibung** und **Zeichensetzung** in Ordnung? Lies deinen Text laut. Wenn du in der Klasse bist, kannst du auch versuchen, ihn nur „laut zu denken". Du wirst viele Schreib- und Kommafehler bemerken, weil du selbst beim Lesen hängen bleibst. Schau in ein Rechtschreibwörterbuch, wenn du bei der Schreibung unsicher bist.

Den Schluss schreiben

Der Schluss löst die Spannung der Geschichte auf. Er hört mit einem **Schlusssatz** auf. Du kannst:

- auf den Beginn der Erzählung zurückgreifen:
  Es war wirklich unglaublich, was Tanita beobachtet hatte. Ihr Verhalten war mutig, einfach toll.
- einen weiteren Denkanstoß geben: *Es wäre schön, wenn alle Menschen anderen so mutig helfen würden.*
- die Geschichte „ausklingen“ lassen: *Tanitas Mut sorgte noch lange für Gesprächsstoff auf dem Schulhof.*

20 *Was könnte im Schlussteil dieser Geschichte stehen? Kreuze an.*

- [ ] Tanita war die Heldin des Tages, weil sie wirklich Mut bewiesen hatte.
- [ ] Tobias wollte sich nichts mehr gefallen lassen.
- [ ] Alle waren erleichtert über den guten Ausgang der Geschichte.

21 *Schreibe selbst einen Schlussteil. Überlege dir einen interessanten Schlusssatz.*

22 *Du hast nun genügend Ideen und Textteile zum Schreiben der Mutgeschichte gesammelt. Schreibe sie vollständig in dein Heft.*

23 *Überschriften erfindet man am besten am Schluss. Dann weiß man, was in der Geschichte passiert ist. Verwende die Überschrift von Seite 32.*

✓ Checkliste: Eine Erzählung schreiben

- [ ] Erstelle eine **Stoffsammlung** für deine Erzählung: *Wer? Was? Wann? Wo? Warum? Mit welchen Folgen?*
- [ ] **Gliederung** – eine Erzählung hat drei Teile: *Einleitung, Hauptteil und Schluss.* Beachte die *Spannungskurve.*
- [ ] Schreibe **Gespräche**: Achte auf *Satz- und Anführungszeichen* und abwechslungsreiche **Redebegleitsätze**.
- [ ] Schildere Gedanken und Gefühle der Figuren („innere Handlung“).
- [ ] Gliedere mit Hilfe der Spannungskurve. Arbeite die Handlung aus und schreibe eine erste Textfassung.
- [ ] Schreibe **lebendig** und **abwechslungsreich**, indem du
  - die Umstellprobe anwendest,
  - Spannungsmelder berücksichtigst,
  - beschreibende Wörter (Adjektive oder Partizipien) einfügst,
  - passende Verben verwendest und
  - durch Konjunktionen logische Verknüpfungen herstellst.
- [ ] Formuliere eine Überschrift, die zu deiner Erzählung passt.
- [ ] **Überarbeite** deinen Text: Sinnvolle Reihenfolge? Interessant geschrieben? Präteritum verwendet? Rechtschreibung? Zeichensetzung? (siehe auch Checkliste Seite 37)

Die Rechtschreib-Strategien: wiederholen und anwenden

Diese Rechtschreibstrategien kennst du schon:

Schwingen heißt: Ein Wort deutlich in Silben mitsprechen, Silbenbögen zeichnen.

1 *a) Probiere aus: Schwinge die folgenden Wörter.*

Antilopenkindergarten Schokoladenkuchenglasur Regenbogenforellen

Telefonanrufbeantworter Sommerblumengarten Sonnenuntergangsstimmung

b) Schreibe die Wörter in dein Heft.
Tipp: *Sprich beim Schreiben in Silben mit. Sprich nicht schneller als du schreibst.*
c) Kontrolliere die Wörter in deinem Heft.
Das geht so: Sprich die Wörter in Silben und ziehe dabei einen Silbenbogen unter jede Silbe.

Achtung! Prüfe, ob jede Silbe einen Vokal (Silbenkönig) hat.

Antilopenkindergarten

Verlängern heißt: Bei Einsilbern und unklaren Auslauten am Wortende eine Silbe anfügen.

2 *a) Bei einigen Buchstaben besteht Verwechslungsgefahr! Markiere die Problemstelle.*
Verlängere die Wörter, indem du eine Silbe anhängst.

der Mond – ______ der Stab – ______ der Tag – ______

der Hut – ______ der Piep – ______ das Werk – ______

b) Kläre Problemstellen am Wortende: Markiere sie und verlängere das Wort.

das Gespann – ______ der Krawall – ______

Zerlegen heißt: Wortgrenzen in zusammengesetzten Wörtern finden.

3 *Setze das Strategiezeichen an die Problemstellen. Zerlege und schwinge.*

Abend | stille – die Abende der Rennstall – ______

Ableiten: Bei **ä** und **äu** verwandte Wörter mit **a** und **au** finden.

4 *Suche ein verwandtes Wort.*

die Zähne verwandt mit Zahn die Läuse verwandt mit ______

Merkwörter: Es gibt Problemstellen, bei denen keine Strategie hilft. Du musst dir diese Wörter merken.

5 *Markiere die Problemstelle und setze das Strategiezeichen.*

denn wenn dann ihr ihm ihnen ob ab und

6 a) *Schwinge den Text.*
Zeichne die hilfreichen Strategiesymbole an die markierten Problemstellen.
b) *Ordne die Wörter den Strategien zu: Notiere die Verlängerungs-, Ableitungs- und Merkwörter in der Randspalte.*

Peter Hacks

Frau Tausendfuß heut Wäsche hat

Frau Tausendfuß heut Wäsche hat,
Das sind grad tausend Socken.
Auf einem Ebereschenblatt
Bläst sie ein Windchen trocken.
Tausend Socken sind recht viel.
Tausend Socken sind kein Spiel.
Alle sagen: Tausend Gruß,
So fleißig heut, Frau Tausendfuß?

Ein Spinnenweb als Wäschelein,
Kiefernnadeln als Klammern,
Als Sack ein Hirtentäschelein,
Zwei hohle Nüss als Klammern.
Tausend Socken, ei der Daus,
Tausend Socken, das reicht aus.
Alle sagen: Tausend Gruß,
So fleißig heut, Frau Tausendfuß!

Verlängern:

Ableiten:

Merkwörter:

Schwingen und verlängern

1 *In dem folgenden Wortgitter verstecken sich 16 Wörter, die man schwingen kann. 16 andere Wörter muss man zusätzlich verlängern, um Problemstellen zu klären. Markiere sie in unterschiedlichen Farben.*

Z	K	U	R	B	E	L	M	O	G	E	L	B	T	R
Y	U	R	X	E	J	E	T	W	A	S	R	X	V	I
J	T	A	G	L	X	B	D	I	W	I	E	S	O	N
F	S	D	A	L	F	E	R	N	G	W	X	Q	Y	D
D	C	D	U	T	S	N	L	T	X	Q	C	F	K	L
X	H	K	N	Y	B	M	L	E	Y	T	A	N	T	E
Q	E	D	E	K	O	P	S	R	A	X	W	M	P	X
K	K	L	R	Z	S	O	Y	I	Q	R	R	O	S	S
R	A	N	D	L	S	E	I	F	E	Q	P	S	Q	C
U	C	T	D	M	N	Q	X	Q	T	H	O	F	F	T
S	E	I	T	E	K	D	I	X	R	S	P	L	K	M
T	G	D	W	X	S	W	I	T	Z	E	L	Z	D	N
E	A	M	I	T	T	A	G	V	D	W	Q	W	X	U
Y	S	C	H	W	A	N	G	E	R	K	R	E	T	L
P	I	W	C	E	Q	X	Y	D	L	K	M	R	W	L
Y	E	D	E	R	D	E	K	L	M	N	Z	G	Z	Y
Z	B	Q	H	D	L	M	L	A	N	Z	E	C	V	Y
C	V	Y	W	T	A	B	E	N	D	Z	L	F	A	M
T	O	B	T	I	O	N	K	E	L	D	N	E	T	T
X	Z	Y	S	T	R	A	N	D	K	F	M	R	S	X

2 *Lege eine Tabelle in deinem Heft an und sortiere die Wörter ein, die du im Rätsel oben gefunden hast. Markiere bei den Verlängerungswörtern die Problemstelle.*

schwingen	verlängern
die Kurbel, …	der Tag – die Tage, …

Schwingen und Wörter zerlegen

3 *Zerlege diese Wörter. Prüfe, ob das Schwingen allein dir hilft.*

der Januar | morgen – der Januar, der Morgen

die Antilopenbeine – ______

der Lebensmittelladen – ______

4 *Zerlege auch diese Wörter. Markiere die Problemstellen mit dem Verlängerungssymbol.*

das Hand | ball | tor – die Hände, die Bälle

die Wüstenrennmaus – ______

der Kunststoff – ______

5 *a) Zerlege diese Wörter.*
b) Ordne sie in die Tabelle ein.

die Melonen | kerne	der Puls | schlag	der Liebhaber
die Programmzeitung	die Landwirtschaft	die Puppenstube
die Projektwoche	der Laternenschein	der Purzelbaum
die Brennnesselsuppe	der Schlussstrich	das Bergwerk

Wörter, die man schwingen kann	Wörter, die man zusätzlich verlängern muss Setze das Strategiezeichen an die entsprechende Stelle.
die Melonen | kerne	der Puls | schlag – pulsieren, die Schläge

Ableiten

6 *Wo hilft dir ableiten? Setze das Strategiezeichen an die entsprechende Stelle.*

krächzen	lernen	gräulich	das Wetter
der Jäger	das Leder	bläulich	die Streusel
kräftig	die Kreise	räumen	weise
die Nächte	der Wärter	der Meter	der Metzger
merken	wärmen	läuten	älter
die Leiter	die Leine	die Träume	häufig
glänzen	die Bäuerin	fleckig	die Mäuse
kämmen	hämmern	melken	säuerlich

e und **ä** sowie **eu** und **äu** spricht man gleich.
Bei **ä** und **äu** hilft das Ableiten!
Kannst du nicht ableiten, schreibe **e** oder **eu**.

7 *Lege in deinem Heft eine Tabelle nach folgendem Muster an.*
Trage die Ableitungswörter mit einem verwandten Wort in die Tabelle ein.

Wörter mit **ä**	Wörter mit **äu**
krächzen von: der Krach	*gräulich von: grau*
...	...

Merkwörter

8 *Sprich diese Wörter laut. Setze Strategiezeichen über die Problemstelle.*

der Vater (M)	die Viper	die Achse	
die Nixe	der Vogel	versprechen	die Hexe
kraxeln	die Haxe	sechs	brav
die Füchse	vorsingen	die Achseln	die Dachse
die Lachse	wachsen	das Volk	wechseln
von	vor	die Vase	

Wo keine Strategie hilft, handelt es sich um ein Merkwort. Merkwörter muss man lernen oder im Wörterbuch nachschlagen.

9 *Trage die Merkwörter in die Tabelle ein.*

M-Wörter mit **v**	M-Wörter mit **ks**-Lauten	
der Vater	die Achse	die Nixe
…	…	…

10 *Lege eine Tabelle im Heft an und sammle Wörter mit den Wortbausteinen „ver"- und „vor"-. Denke erst selbst nach. Anschließend kannst du dann auch im Wörterbuch nachschlagen.*

11 *Auch bei diesen Wörtern helfen die Strategien nicht.*
a) Markiere die Problemstelle.

ab (M)	die Kühle (M)	stehlen	wenn
dann	die Mühle	ohne	wohnen
herab	jetzt	wir	mir
wann	bis	während	fahren
zahlen	ist	ihm	ihnen
ihr	führen	mehr	die Uhr
sehr	kehren	und	ob

Tipp: Wenn du die Wortbausteine **ver-** und **vor-** kennst, kannst du sehr viele Wörter richtig schreiben.

b) Ordne die Wörter in die Tabelle ein.

M-Wörter, die man nicht verlängern kann	M-Wörter mit **h**
ab,	die Kühle,
…	…

c) Du hast jetzt vier Wortgruppen gefunden, die zu den Merkwörtern gehören. Schreibe auf, welche das sind:

1. ______ 2. ______

3. ______ 4. ______

Tipp: Zu den Wörtern mit **h** erhältst du mehr Material auf Seite 52.

Mit Strategien Regeln finden

Wann verdoppelt man einen Konsonanten?

Erinnere dich: Jede Silbe enthält einen Vokal – den Silbenkönig. Endet die Silbe mit ihm, ist sie offen. Endet die Silbe mit einem Konsonanten, ist sie geschlossen.

1 *Schwinge die folgenden Wörter und untersuche die erste Silbe.*

Rosen	Lage	Schule
baden	mögen	malen

Die erste Silbe ist ______________________, denn sie endet mit einem ______________________.

Regel: Wenn die erste Silbe ______________________ ist, wird der Konsonant nicht verdoppelt.

2 *Schwinge die folgenden Wörter und untersuche die erste Silbe.*
Prüfe, wie viele verschiedene Konsonanten an der Silbengrenze stehen.

Pumpe	Pinsel	Pflanze	Falke
Flanke	Hände	grinsen	Pulte

Silbengrenze heißt: Hier treffen sich zwei Silben!

An der Silbengrenze in der Wortmitte treffen sich ______________________ verschiedene Konsonanten.

Regel: Wenn die erste Silbe ______________________ ist und an der Silbengrenze zwei verschiedene ______________________ stehen, wird nicht verdoppelt.

3 *Schwinge diese Wörter mit doppelten Konsonanten und untersuche die erste Silbe.*
Prüfe, wie viele verschiedene Konsonanten an der Silbengrenze stehen.

Schwämme	Messer	Wasser	wissen
Treppe	kommen	Blätter	Welle

Die erste Silbe ist ______________________, an der Silbengrenze steht aber nur ______________________ Konsonant.

Regel: Wenn die erste Silbe ______________________ ist, an der Silbengrenze aber nur ______________________ Konsonant steht, wird er verdoppelt.

4 *Schwinge diese Wörter.*
Untersuche sie an der Silbengrenze und ordne sie in die folgende Tabelle ein.

der Onkel	die Stifte	der Sommer	die Kräfte	die Wörter
die Schwämme	loben	mögen	sagen	die Tasse
der Felsen	die Halme	kommen	sonnig	die Schule
die Gänse	malen	warnen	die Mitte	die Silbe

erste Silbe offen: keine Konsonanten-Verdoppelung	erste Silbe geschlossen: zwei verschiedene Konsonanten an der Silbengrenze	erste Silbe geschlossen: ein Konsonant = Verdoppelung des Konsonanten
...	...	...

5 *Um herauszufinden, ob ein Konsonant verdoppelt wird, brauchst du zwei Silben. Schau dir die Regeln auf Seite 44 noch einmal an. Wende sie auf die Aussage oben an und begründe sie.*

____

____

6 *Für die Prüfung der folgenden Wörter brauchst du eine weitere Strategie. Welche?*
a) Begründe:

____

____

Merke
Um die Regeln anzuwenden, brauchst du eine Silbengrenze, also zwei Silben. Einsilber musst du vorher verlängern, Zusammensetzungen musst du zerlegen.

b) Wende sie an, um zu prüfen, wo ein Konsonant verdoppelt wird. Schreibe ins Heft.

er bremst – *bremsen*

das Hemd	es brennt	er rollt	der Pilz
er sagt	er klagt	es schwimmt	es schellt
er schafft	der Saft	das Rind	

c) Ordne die Verlängerungsformen richtig in diese Tabelle ein.

erste Silbe offen: keine Konsonanten-Verdoppelung	erste Silbe geschlossen: zwei verschiedene Konsonanten an der Silbengrenze	erste Silbe geschlossen: ein Konsonant = Verdoppelung des Konsonanten
sagen	*bremsen*	*brennen*

7 *Die Regel gilt auch bei diesen Wörtern. Du musst sie vorher zerlegen.*

m/mm	der Schwi◎unterricht	*schwimmen*	*der Unterricht*
s/ss	die Me◎latte		
k/ck	die La◎dose		
p/pp	tre◎auf		
n/nn	der Pokalgewi◎		
l/ll	der Pre◎bock		
z/tz	der Hi◎schlag		

Mit Strategien Fehler finden

Du kannst die Rechtschreib-Strategien gut zur Korrektur von Texten einsetzen. Wende die Strategien an, die auf den Seiten 39 – 45 wiederholt wurden:

imer   der Walt   die Zeune   ferkaufen   das Rund | holz

1 *In den folgenden Text haben sich Fehler eingeschlichen. Prüfe alle fraglichen Schreibweisen und schreibe das hilfreiche Strategiezeichen an die Fehlerstelle. Korrigiere, indem du die Fehlerwörter verbessert in die Randspalte einträgst.*

Liebenswerte Wildesel

VORSICHT FEHLER!

Wiltesel sind eine bedrohte Art. Nicht, weil es inen an Narung mangelte. Sie sind arg ansprchslos und fressen Pflanzen, die andere Tiere keineswegs antasten würdn. Aber weil diese oft so troken sind, leiden die Esel Mangel an Wasser. Wo sie ihr Futer findn, in den Gebirksregionen in Somalia und Äthiopien, gipt es keine Wasserquelen, die sind nur in den Telern. Deshalb müssen die Wildesel vom Berk herabwandern, um die Wasserstellen aufzusuchn, wie das auch ihre Vorfaren imer gemacht haben. Leider sind diese Stellen aber häute meistens umzeunt oder von Hirten umringt, die sie für ihre eigenen Tiere nuzen. Die scheuen Esel verdursten heufik.

2 *Gib diesem Schüler Tipps, wie er seine Rechtschreibung verbessern kann. Schreibe in dein Heft.*

3 *Im folgenden Text hat ein Schüler das Schwingen zwar erklärt, leider aber die Strategien nicht angewendet. Finde die Fehler und zeichne die hilfreichen Korrekturzeichen an die Fehlerstelle.*

VORSICHT FEHLER!

Lieber Sebastian,

du hast mich gefrakt, ob das Lernen mit den Strtegien wichtig ist. Das möchte ich dir gerne erkleren:

Das Schwingen ist sehr wichtig: Man spricht dabei sehr deutlich in Siben und hört jeden Laut. Dan ordnet man den Lauten Buchstaben zu.

Mit dem Schwingen kan man das Wort richtig schreiben, lange Wörter beser lesen und gans wichtig: besser kontrollieren. Das hilft bei ferdrehten, fergessenen oder bei zu fielen Buchstaben. Wenn man das Wort geschrieben hat, macht man einen Silbenbogen unter jede Silbe und kann dan lesen, was in der Silbe steht, so bemergt man die Fehler. Dann mus man noch die Wordenden genau kontrollieren, weil man dort nicht imer jeden Buchstaben hören kann. Auch bei einsilbgen Wörtern ist das schwierik. Aber dafür gibt es noch eine Strategie, nämlich das Verlengern. Das Ableiten hilft nur bei ä und äu.

Ganz toll: Wenn man die Strategien beherrscht, mus man sich nicht so viel merken.

Dein Thomas

4 *a) Lege eine solche Tabelle in deinem Heft an, lege es quer. Ordne jedes verbesserte Fehlerwort der Strategie zu, mit der du die Fehler gefunden hast. Nun siehst du, welche Strategien dem Schüler helfen.*
b) Lege für deine nächste eigene Textüberarbeitung auch so eine Tabelle an. Sie zeigt auch dir deine Fehlerschwerpunkte und die Strategie, die dir am besten hilft, diese zu vermeiden.

…	…	…	…	…

5 *Schreibe Thomas' Brief ohne Fehler in dein Heft.*

Wann schreibt man i, wann ie?

1 *Wenn du herausfinden willst, ob ein Wort mit* **ie** *geschrieben wird, musst du genauso vorgehen wie bei der Konsonantenverdoppelung:*
a) Schwinge die Wörter.
b) Untersuche die Silbengrenze.
c) Finde gemeinsame Merkmale der Wortgruppen.
d) Ordne die Wörter in die nachfolgende Tabelle ein.

die Liebe	die Siebe	die Rinder	die Winde
liegen	singen	die Kinder	sieben
schwingen	der Spiegel	finden	fliegen
grinsen	kitzeln	die Zwiebel	wiegen
die Schiene	der Riese	der Schiefer	die Silbe

Wörter mit **ie**	Wörter mit **i**
____________________	____________________
____________________	____________________
____________________	____________________
Gemeinsames Merkmal:	Gemeinsames Merkmal:
Die erste Silbe ist ____________.	Die erste Silbe ist ____________.

2 *Prüfe, ob die Regel bei diesen Wörtern zutrifft. Trage sie in die Tabelle ein.*

Dazu musst du sie zuerst ____________________.

er schielt — *schielen - erste Silbe* ____________, *also ie.*

sie schiebt	das Bild	der Krieg	das Lied
viel	spitz	tief	es zieht
wild	es liegt	der Dieb	das Schild

Wörter mit **ie**	Wörter mit **i**
____________________	____________________
____________________	____________________
____________________	____________________
Gemeinsames Merkmal:	Gemeinsames Merkmal:
Die erste Silbe ist ____________.	Die erste Silbe ist ____________.

Merke: Auch um die Schreibung des langen **i** zu prüfen, benötigst du eine zweisilbige Form des Wortes. Nur dann kannst du die Regel zuverlässig anwenden.

3 *Zerlege diese Wörter und erkläre die* **i***-Schreibung.*

der T◎r | handel – die Tiere = 1. Silbe offen – Tierhandel

der Z◎rfisch –

das Z◎lfernrohr –

die Gefr◎rtruhe –

die Sch◎ßbude –

der Br◎fkasten –

der W◎ldhüter –

der M◎twagen –

das Sp◎lzimmer –

das R◎ndfleisch –

die G◎ßkanne –

das L◎bhaberstück –

4 *a) Auch bei den folgenden Wörtern steht das* **i** *in einer offenen Silbe. Schwinge sie.*

das Aquarium die Turbine die Maschine

Elvira Christina Regina

b) Überlege, warum das **i** *trotzdem nicht als* **ie** *geschrieben wird. Formuliere eine Erklärung.*

5 *a) Trage ein:* **i** *oder* **ie***?*
b) Schreibe das Gedicht ab.

Christian Morgenstern
Das ästhetische[1] W___sel

Ein W___sel
saß auf einem K___sel
inm___tten Bachger___sel.

W___sst ihr
weshalb?

Das Mondkalb
verr___t es mir
im St___llen:

Das raff___nier-
te T___r
tat's um des Reimes w___llen.

1 **ästhetisch:** schön

Regeln zur Schreibung der s-Laute

s oder ß?

1 *a) Schwinge die folgenden Wörter und ordne sie in die Tabelle ein.*
b) Untersuche sie an der Silbengrenze und kreuze die richtige Antwort an.

die Bremse	die Tasse	die Hälse	die Kasse
die Trense	das Wasser	die Gänse	die Erbse
das Messer	besser	die Pässe	grinsen
die Linse	der Pinsel		

Wörter mit **s**	Wörter mit **ss**

Kreuze an – Gemeinsamkeiten:

- ☐ Die erste Silbe ist offen.
- ☐ Die erste Silbe ist geschlossen.

Die Konsonanten an der Silbengrenze sind

- ☐ gleich,
- ☐ verschieden.
- ☐ Man spricht das **s** stimmhaft (summend).
- ☐ Man spricht das **s** stimmlos (zischend).

Kreuze an – Gemeinsamkeiten:

- ☐ Die erste Silbe ist offen.
- ☐ Die erste Silbe ist geschlossen.

Die Konsonanten an der Silbengrenze sind

- ☐ gleich,
- ☐ verschieden.
- ☐ Man spricht das **s** stimmhaft (summend).
- ☐ Man spricht das **s** stimmlos (zischend).

2 *Im Wortgitter verstecken sich 11 Wörter mit* **s** *und* **ss**.
Du musst sie verlängern oder zerlegen, um die Regel anwenden zu können.

3 *Lege eine Tabelle an und ordne die Wörter nach* **s** *und* **ss**.
Schreibe die Verlängerungsformen als Begründung dazu.

B	R	E	M	S	W	E	G	Q	W	C	O	J	K	L	M	Z	Q	C	G
Y	Q	W	E	D	F	R	E	G	E	N	G	U	S	S	O	P	A	C	Ä
C	D	A	S	D	G	K	I	X	E	P	E	X	Y	Z	P	I	T	V	S
G	A	N	S	V	C	Q	N	U	Z	D	S	C	H	U	S	S	Z	L	S
R	F	X	L	E	D	T	S	B	R	E	C	S	L	Q	X	Y	P	K	C
I	X	W	A	T	K	R	T	D	F	X	H	Q	H	A	L	S	K	P	H
N	Z	U	T	G	O	Z	E	R	Y	K	O	O	K	H	R	Z	Y	X	E
S	E	M	T	Z	E	R	D	N	U	S	S	B	U	T	T	E	R	Q	N
T	W	P	E	W	M	L	L	M	U	T	S	G	K	F	K	L	Z	D	Y
X	R	A	Y	D	P	F	R	F	H	Ä	S	S	L	I	C	H	T	P	M

s oder ß?

> Zur Unterscheidung von **s** oder **ß** ist die Aussprache wichtig.

4 *a) Schwinge die folgenden Wörter. Untersuche an der Silbengrenze. Finde Gemeinsamkeiten. Sprich die Wörter laut und finde Unterschiede.*
b) Schreibe die Wörter aus der Tabelle in dein Heft. Füge bei Nomen den Artikel hinzu.

Wörter mit **s**			Wörter mit **ß**		
Häuser	Kiesel	Kreisel	draußen	Füße	Maße
Rasen	Besen	leise	fließen	Größe	Flöße
tosen	Wesen	Rosen	Grüße	außen	heißen

Gemeinsamkeit:	Gemeinsamkeit:
Die erste Silbe ist ______________________ .	Die erste Silbe ist ______________________ .
Unterschied:	Unterschied:
Das **s** wird ______________________ gesprochen.	Das **s** wird ______________________ gesprochen.

ß oder ss?

Beide Laute, **ß** und **ss**, werden stimmlos (zischend) gesprochen. Wie kann man sie unterscheiden?

5 *a) Schwinge die folgenden Wörter. Untersuche sie an der Silbengrenze und finde den Unterschied heraus.*
b) Lege auch für diese Wörter eine Tabelle nach dem Muster der vorhergehenden an.

Maße	Masse
mäßig	massig
fraßen	fressen
außen	essen
Flöße	Flosse
spaßen	passen

> **ß** und **ss** werden beide stimmlos gesprochen, aber den Unterschied findest du an der Silbengrenze.

Die erste Silbe ist ______________________ . Die erste Silbe ist ______________________ .

6 *Um **s**-Laute richtig zu schreiben, brauchst du die zweisilbige Form des Wortes. Prüfe und setze ein:*

der Fre___napf –	denn: fressen
die Ba___stimme –	denn: ______________________
ku___echt –	denn: ______________________
wi___begierig –	denn: ______________________
das Ma___band –	denn: ______________________
der Fu___ball –	denn: ______________________
der Sü___schnabel –	denn: ______________________
die Flie___geschwindigkeit –	denn: ______________________

h-Wörter

In den meisten Wörtern sind die langen Vokale (und Umlaute) **a, ä, e, i, o, ö, u** und **ü** gar nicht gekennzeichnet, zum Beispiel malen, hören, loben, lesen.
Nur wenige werden mit nachfolgendem **h** geschrieben.

1 *a) Schwinge die Wörter in Kasten 1.*
b) Sprich die Wörter deutlich und untersuche sie an der Silbengrenze.
c) Sprich sie deutlich ohne das **h**.

Kasten 1	die Kühe	die Rehe	die Flöhe
die Schuhe	sehen	gehen	wehen
mähen	stehen	drohen	drehen
glühen	näher	die Zehen	

Merke: Dieses **h** steht zwischen zwei Vokalen. Es trennt die Silben.

2 *a) Schwinge die Wörter in Kasten 2.*
b) Sprich die Wörter deutlich und untersuche sie an der Silbengrenze.
c) Sprich sie deutlich ohne das **h**.

Kasten 2	die Bahnen	die Ohren	die Jahre
die Bühne	zahmer	lahmer	kahler
lohnen	fühlen	mahlen	die Uhren

Merke: Dieses **h** gehört zum Vokal und zeigt, dass er lang gesprochen wird.

3 *a) Vergleiche die Ergebnisse deiner Untersuchungen und kreuze die richtigen Antworten an.*
b) Lege eine Tabelle wie unten an. Ordne die Merkwörter ein.

Kasten 1
- ☐ Das **h** gehört zur ersten Silbe.
- ☐ Das **h** gehört zur zweiten Silbe.
- ☐ Wenn man deutlich spricht, kann man das **h** hören.
- ☐ Wenn man das **h** nicht spricht, wird das Wort anders gesprochen.

Kasten 2
- ☐ Das **h** gehört zur ersten Silbe.
- ☐ Das **h** gehört zur zweiten Silbe.
- ☐ Wenn man deutlich spricht, kann man das **h** hören.
- ☐ Wenn man das **h** nicht spricht, wird das Wort anders gesprochen.

Ergänze: Die Wörter aus Kasten ________ sind Merkwörter.

ah (äh)	eh	oh (öh)	uh (üh)
...	...	...	...

4 *Das Dehnungs-***h** *eines Wortes bleibt immer erhalten.*

Beispiel: zahlen, die Zahl, zahllos, er zählt, der Zahltag

Finde für folgende Wörter Zusammensetzungen und Ableitungen. Schreibe in dein Heft.

fahren *wohnen* *lehren* *wählen*

Großschreibung

1 *Die folgenden Nomen gehören zu einem Backrezept. Setze die richtigen Artikel vor die Nomen.*

______ Becherkuchen	______ Sahne	______ Zucker	______ Mehl
______ Vanillezucker	______ Ei	______ Mandeln	______ Butter
______ Rührschüssel	______ Backblech	______ Backpapier	______ Backpulver

Nomen sind in einem Text nicht immer einfach zu erkennen.
Sie werden dort von verschiedenen Wortarten begleitet.

2 *a) Erforsche am folgenden Beispielsatz, wie du Nomen sicher erkennen kannst.*

Für Becherkuchen braucht man Sahne, Zucker, Mehl, Vanillezucker, Backpulver und Eier.

Die Artikelprobe
Nomen schreibt man groß. Du erkennst sie am Artikel. Auch *des, dem, den* sind Artikel – sie sind gebeugt. Manchmal ist der Artikel mit der Präposition verschmolzen, zum Beispiel: *vom = von dem, zum = zu dem ...*
Der Artikel muss nicht immer vor dem Nomen stehen, aber man kann ihn im Kopf einsetzen. Denke daran, dass sich Artikel im Satz verändern (Geschlecht, Anzahl und Fall passen sich dem Nomen an).

b) Schreibe den Satz jetzt mit allen Artikeln auf.

Für den Becherkuchen ______________________________

____

____

3 *Um den Kuchen backen zu können, musst du genauere Angaben über die Mengen haben. Unterstreiche die Begleiter der Nomen, die Mengen angeben.*

Du brauchst für einen Kuchen
drei bis vier Eier, ein Päckchen Vanillezucker
und etwas Backpulver.

Die Zählprobe
Nomen kann man häufig zählen –
- entweder genau: *ein, zwei, drei, das erste, das zweite ...*
- oder ungenau: *viele, etwas, einige, ein paar ...*

4 *Nomen kann man auch genauer beschreiben. Unterstreiche die beschreibenden Begleiter der Nomen.*

Damit das einfache Rezept gelingt, brauchst du feinen Zucker,
süße Sahne und frische Eier.

Die Adjektivprobe
Adjektive können Nomen beschreiben.

5 *Notiere, woran du Nomen erkennen kannst.*

____

6 *Lies das folgende Rezept laut.*
a) Unterstreiche die Wörter, die du für Nomen hältst.
b) Führe die Artikel-, Zähl- oder Adjektivprobe durch, um herauszufinden, ob du Recht hast.
Schreibe die Nomen und ihre Begleiter auf die Linien.
c) Schreibe den Text richtig ab. Schreibe in dein Heft.

Becherkuchen: schnell und köstlich

Da brauchst du für den teig:

- ☐ 1 becher flüssige, süße sahne
- ☐ 1 becher zucker
- ☐ 2 becher mehl
- ☐ 1 päckchen vanillezucker
- ☐ 1 beutel backpulver
- ☐ 3 – 4 eier

Das brauchst du für den belag:

- ☐ 1 becher zucker
- ☐ 125 g butter
- ☐ 2 beutel gehobelte mandeln

So geht es:

Schütte die flüssige sahne in eine rührschüssel. Wasche danach den becher aus und trockne ihn gut ab. Nun kannst du damit zucker und mehl abmessen. Gib beide zutaten zur sahne hinzu. Füge danach vanillezucker, backpulver und die eier zur mischung hinzu und verrühre mit dem handmixer alles schnell zu einem glatten teig. Verteile diese teigmasse auf einem backblech, das du zuvor mit backpapier ausgelegt hast. Lasse sie bei 200 °C zehn minuten lang backen. Gib währenddessen die butter mit dem zucker in einen topf und lasse beides schmelzen. Rühre dabei immer wieder um. Sobald sich der zucker aufgelöst hat, mischst du die mandeln unter die masse, die nun abkühlen muss. Nach den zehn minuten hole den kuchen aus dem backofen, verteile den mandelbelag darüber und schiebe ihn erneut in den ofen. Lasse den kuchen etwa zehn minuten weiterbacken, bis er goldbraun ist.

die flüssige Sahne

7 *Lies den folgenden Text.*
a) Unterstreiche die Nomen.
b) Beweise durch eine der Nomenproben, dass es sich um ein Nomen handelt.
c) Schreibe sie mit Artikel in die Randspalte.

Käpt'n Blaubär im Paradies

Käpt'n Blaubär landet auf der Feinschmeckerinsel:

In der Mitte der Insel befand sich ein kleiner Tümpel aus appetitlich brodelndem Öl. An seinem Rand wuchsen Pflanzen, auf deren langen Stängeln kartoffelähnliche Knollen wuchsen. Bei meiner ankunft neigten die pflanzen sich ins öl und ein ungeheuer appetitanregender geruch ging von ihnen aus. Schließlich bogen sich die stängel wieder zurück und ließen ein paar frittierte knollen vor meine füße fallen. Ich nahm eine auf und kostete davon. Oh, unbeschreibliche wonnen! Niemals hatte ich so etwas gegessen.

Zwischen den pflanzen plätscherten dichte adern von flüssen und bächen. Manche waren weiß wie milch oder gelb wie orangensaft.

Ich trank aus einem der gelben flüsse und es war tatsächlich orangensaft. Die weißen flüsse waren aus milch. Als ich aus versehen an eine braune kapsel stieß und sie in den milchfluss fiel, wurde die flüssigkeit für kurze zeit hellbraun, und ich konnte köstliche trinkschokolade schlürfen.

An den ufern der flüsse wuchsen obst und gemüse, die ich noch nie gesehen hatte. Blauer blumenkohl, der roch wie gebratenes fleisch. Blütenkelche standen voll mit honig, sogar die blätter konnte man mitessen. Bald war ich fett wie eine schweineschwarte und so rund wie ein fußball.

die Feinschmeckerinsel
die Mitte

Autoren- und Quellenverzeichnis

S. 4: Vor zwei Jahren haben wir auf den Fidschi-Inseln ... Aus: GEOlino online, Verlag Gruner + Jahr 2007 http://www.geo.de/GEOlino/mensch/53950.html?q=fidschi; **S. 9:** Kontrolle von Kopf bis Fuß. In: GEOlino, Heft 4, April 2007, S. 9; **S. 11 f.:** RICHTER, JUTTA: Spinnen zähmen. Aus: Der Tag, als ich lernte die Spinnen zu zähmen. dtv, München 2005, S. 66–68; **S. 13:** RICHTER, JUTTA: Sie hatten das Verhör beendet ... Aus: Der Tag, als ich lernte die Spinnen zu zähmen, S. 74–76; **S. 15 f.:** RICHTER, JUTTA: Und wir waren pünktlich ... Aus: Der Tag, als ich lernte die Spinnen zu zähmen, S. 90–93; **S. 40:** HACKS, PETER: Frau Tausendfuß heut Wäsche hat. Aus: Ursula Warmbold, Ursula Remmers (Hg.): Allerlei Getier. Gedichte für Kinder. Eulenspiegel Verlag, Berlin 2003, S. 31; **S. 55:** Käpt'n Blaubär im Paradies. Aus: Moers, Walter: Die 13 ½ Leben des Käpt'n Blaubär. Goldmann, München 2002, S. 80

Die Verwendung der Rechtschreib-Strategiezeichen erfolgt mit freundlicher Genehmigung von Günter J. Renk.

Bildquellenverzeichnis

S. 4, 10: © Yavala Design Ltd., Savusavu; **S. 8, 10:** Moleres/laif; **S. 9, 10:** Frank Renoir (GEOlino Heft 4, April 2007, S. 9); **S. 11:** Cover von: Jutta Richter: Der Tag, als ich lernte die Spinnen zu zähmen. Mit freundlicher Genehmigung der Carl Hanser Verlag GmbH & Co. KG, München; **S. 13:** ullstein bild – Peter Arnold Inc.

Impressum

Redaktion: lüra – Klemt & Mues GbR, Wuppertal

Illustrationen: Bianca Schaalburg, Berlin
Umschlaggestaltung: Katrin Nehm (Illustration: Bianca Schaalburg)
Layout und technische Umsetzung: Anna-Maria Klages, Wuppertal

www.cornelsen.de

1. Auflage, 3. Druck 2009

Druck: Druckhaus Berlin-Mitte GmbH

ISBN 978-3-06-060968-0

Inhalt gedruckt auf säurefreiem Papier aus nachhaltiger Forstwirtschaft.